SAN RAFAEL PUBLIC LIBRARY
1100 E STREET
SAN RAFAEL, CA 94901
415-485-3323
srpubliclibrary.org

Zero Waste para salvar el mundo

Zero Waste para salvar el mundo

Guía ilustrada para una vida sostenible

Ally Vispo

VERGARA

Papel certificado por el Forest Stewardship Council®

Primera edición: septiembre de 2019

© 2019, Ally Vispo
© 2019, Penguin Random House Grupo Editorial, S. A. U.
Travessera de Gràcia, 47-49. 08021 Barcelona

Penguin Random House Grupo Editorial apoya la protección del *copyright*.
El *copyright* estimula la creatividad, defiende la diversidad en el ámbito de las ideas y el conocimiento,
promueve la libre expresión y favorece una cultura viva. Gracias por comprar una edición autorizada
de este libro y por respetar las leyes del *copyright* al no reproducir, escanear ni distribuir ninguna
parte de esta obra por ningún medio sin permiso. Al hacerlo está respaldando a los autores
y permitiendo que PRHGE continúe publicando libros para todos los lectores.
Diríjase a CEDRO (Centro Español de Derechos Reprográficos, http://www.cedro.org)
si necesita fotocopiar o escanear algún fragmento de esta obra.

Printed in Spain – Impreso en España

ISBN: 978-84-17664-44-2
Depósito legal: B-15.201-2019

Compuesto en M. I. Maquetación, S.L.

Impreso en Gráficas 94, S.L.
Sant Quirze del Vallès
(Barcelona)

V E 6 4 4 4 2

Penguin
Random House
Grupo Editorial

1. INTRODUCCIÓN

Cuando publiqué mi primer libro, *Simplemente consciente*, a finales de 2018, jamás imaginé que significaría una revolución y un nuevo comienzo de mi carrera como creadora de contenido y comunicadora. Hace más de tres años decidí llevar un estilo de vida con bajo impacto medioambiental, y la verdad es que nunca pensé que ese cambio, que en principio parecía tan lógico, acabaría por revolucionar mi vida y la de muchas otras personas.

Simplemente consciente es un libro muy completo, lleno de consejos para reducir nuestro impacto medioambiental y con infinidad de recursos para ayudarnos a llevar un estilo de vida más sostenible. Desde hace casi cuatro años comparto en las redes sociales todos los consejos, trucos y motivación que la gente puede necesitar para concienciarse de estos cambios. Hace un tiempo, comencé a compartir también mis ilustraciones sobre el tema y llegaron a mucha gente. El recibimiento fue increíble, sobre todo porque yo las consideraba unos simples dibujos sobre temas que me interesaban. La gente me decía que les resultaban muy útiles como guía y que les parecían una forma muy fácil, entretenida y divertida de entender y compartir el movimiento Zero Waste.

De ahí nació mi idea de llevar estas humildes ilustraciones un poco más allá y crear una guía completamente ilustrada. Los seres humanos somos muy visuales y muchas veces nos resulta más fácil captar las cosas cuando nos las muestran de una forma visual, clara y sencilla. Aprovechando mi experiencia y conocimientos sobre ilustración recibidos mientras estudié diseño de moda en Londres (aunque llevo dibujando y diseñando desde que tengo uso de razón), he querido llevar mi cambio personal también a esta disciplina, sustituyendo los vestidos de noche y *prêt-à-porter* por cepillos de bambú y estropajos ilustrados, una muestra más de que los cambios pueden darse en cualquier ámbito de nuestra vida.

Creo que las ilustraciones de este libro pueden servir como guía rápida y de bolsillo a la que recurrir para encontrar de un vistazo casi todas las soluciones Zero Waste que necesitemos en nuestro día a día. Quizá —eso espero— sirva también para educar a las nuevas generaciones digitales, que están más que acostumbradas a tener información rápida y directa (aunque es cierto que gran parte de las nuevas generaciones ya parecen estar mucho más concienciadas que las anteriores en temas de sostenibilidad, todo sea dicho).

El movimiento Zero Waste consiste en ser consciente de que el concepto «Zero Waste» no es más que eso: un concepto. Un concepto inalcanzable en una economía y un sistema lineales que muchas veces nos hace toparnos con una pared de hormigón que no nos deja avanzar. Sin embargo, sabiendo que la perfección y el residuo cero son absolutamente imposibles, debemos entender que es nuestro deber el contribuir a un mundo mejor, un planeta en el que podamos vivir, tanto nosotros como las futuras generaciones, a las que les debemos el derecho de disfrutar de la naturaleza como nosotros lo hemos hecho durante mucho tiempo. Aunque a lo largo del libro utilicemos las palabras «Zero Waste», me gustaría recalcar que se trata de un concepto y que nos referimos simplemente a «bajo residuo» o «low waste».

El concepto Zero Waste nació allá por los años setenta y resurgió con fuerza a principios de este milenio. Sin embargo, en los últimos cinco o seis años este movimiento ha llegado a imponerse y se ha convertido en un tema común en casi todas las clases sociales, generaciones y círculos. Cuando comencé a llevar un estilo de vida Zero Waste, éramos cuatro gatos los que comprábamos a granel y elaborábamos desodorante casero. Ahora la cosa ha cambiado, y casi todo el mundo ha escuchado al menos algo sobre este movimiento, ya sea en la televisión o al hablar con algún conocido o compañero de trabajo.

Zero Waste pretende generar el mínimo residuo posible, y con «residuo» nos referimos a cualquier desecho que no sea reutilizable, compostable o, como mínimo, reciclable. Es decir, «residuo» es todo aquello que vaya a terminar en un vertedero. Existe a menudo una gran confusión en lo que a residuos se refiere, ya que mucha gente entiende que todo lo que utilizamos es un residuo (papel higiénico, restos orgánicos, etc.), pero no se trata de eso. Debemos tener en cuenta que el objetivo o el concepto Zero Waste es algo así como aspirar a vivir como la propia naturaleza. Por ejemplo, los árboles pierden sus hojas, pero estas vuelven a la tierra, donde se descomponen y desaparecen de forma natural, regresan a la tierra que les dio la vida, para renacer meses más tarde. El ser humano es el que ha ideado productos o sistemas que se basan en crear, utilizar y tirar, sin tener en cuenta que no podemos seguir acumulando cosas que no están diseñadas para desaparecer. La naturaleza cuenta con su propio *cradle to cradle* (sistema en el que se basa la economía circular), mientras que el ser humano se ha limitado a inventar productos para su conveniencia sin pensar en lo que va a ocurrir con ellos una vez que ya no los necesite.

Por ello, considero que cualquier producto que no pueda reutilizarse, arreglarse, compostarse, reciclarse o que se haya fabricado para durar eternamente, tiene un fallo en el diseño. Como consumidores debemos tener en cuenta en qué gastamos nuestro dinero, ya que cada uno de nuestros céntimos es un voto a favor del mundo en el que queremos vivir. Sin embargo, también debemos poner empeño en presionar sin piedad a todas esas empresas y multinacionales que se limitan a crear productos de corta vida que solo podemos utilizar una vez, como por ejemplo las botellas de plástico, los tenedores de un solo uso, las pajitas o los juguetes de plástico.

Probablemente por un trabajo de marketing erróneo, o más bien por un interés económico, nos han vendido la idea de que el reciclaje es la solución a todos nuestros problemas. Podemos comprar cualquier cosa porque solo con tirarla al contenedor amarillo ya nos sentiremos bien, ya que esa botella de plástico que utilizamos durante quince minutos se convertirá en otra nueva, lista para ser utilizada. Nada más lejos de la realidad. Se ha llegado a la situación en la que estamos, tan extrema y desoladora, a pesar de la implementación del reciclaje a escala global. Por supuesto que es necesario el reciclaje, y jamás me cansaré de repetir lo importante que es, pero que sea importante no quiere decir que sea la solución. Es una tirita, un parche.

Hay una frase en inglés que siempre me gusta recordar: *Out of sight, out of mind*, que viene a decir algo así como que, si no lo vemos, no pensamos en ello. Con la basura pasa algo parecido: depositamos todo lo que no necesitamos en un cubo mágico y de la noche a la mañana desaparece, literalmente. No nos paramos ni un solo segundo a pensar que todo eso que tiramos va a alguna parte, necesita un transporte, necesita unos recursos y necesita, sobre todo, tiempo para desaparecer (en la mayoría de los casos hablamos de siglos). Cuando di mi charla TEDx en octubre de 2018, mencioné un dato que dejó a los asistentes boquiabiertos. Y es que no es para menos. Nuestro primer cepillo de dientes, nuestro primer juguete, ambos aún existen en algún lugar del planeta. No tenemos ni idea de dónde están (en el mar, en un vertedero de España o de China, quién sabe), pero existir, existen aún. El plástico tarda entre cien y cuatrocientos años en descomponerse, así que debemos recordar que todo lo que tiremos a la basura que esté hecho de este material vivirá casi seguro más que nosotros (e incluso que nuestros nietos).

Os aseguro que mi proceso de asimilación tampoco fue fácil. Cuando te informas un poco y descubres estas cosas, sientes que te han estado mintiendo toda la vida. O, si no mintiendo, al menos ocultando una información que es vital y necesaria. Para mí fue como descubrir que los Reyes Magos no existían. ¿En serio me estás diciendo que toda la basura del mundo que no se recicla está acumulada en alguna parte? ¿No se quema? ¿No se descompone? ¿No se reutiliza?

Descubrir que formas parte de un sistema que prácticamente se limita a consumir y desechar sin pensar en las personas, animales y ecosistemas que sufren por el camino es algo muy fuerte. Aceptarlo, sin embargo, es parte del proceso. Superada la fase inicial de pánico e indignación, entré en un estado de lo que yo llamo «acción por enfado». Y es que hay una frase que leí hace unos años que se me quedó grabada: «Usa tu ira como gasolina para tus acciones». La frustración, el enfado, la rabia y la indignación son sentimientos tan poderosos que son capaces de salvar el mundo. Quedarnos en nuestra casa lamentándonos de lo mal que está el entorno y de lo inconsciente que es la gente no cambia nada de nada. Repito, nada. Por eso, lo esencial es aprovechar esa rabia e indignación para alimentar ese fuego que nos permitirá cambiar por completo de perspectiva y hacer algo útil por este planeta.

Mucha gente me pregunta qué fue lo que me motivó a hacer este cambio en mi vida. Para ser sincera, no sabría decir con exactitud cuál fue la frase, reflexión o imagen que me hizo cambiar de parecer y dar un giro de 180 grados a mi vida. Fue un cambio progresivo que comenzó en el momento en que me hice vegana y que aún hoy sigue evolucionando. Llevo ya unos cuantos años metida en este mundo y, por desgracia, no tengo respuestas y soluciones para todo. Ojalá las tuviera. Lo que sí puedo aportar son los consejos, conocimientos y experiencias que he acumulado a lo largo de estos últimos años en mi camino hacia una vida más sostenible. No puedo dar una única solución al gran problema que tenemos, pero lo que sí os aseguro es que en nuestro día a día podemos llevar a cabo pequeñas acciones capaces de cambiar por completo el mundo, tanto de una forma directa (la que afecta a nuestro entorno) como relativamente indirecta (votando con nuestro dinero, con el propósito de que las empresas cambien su manera de producir y vender).

Creo que hablar de culpa es inútil. No sirve de nada. Hablemos de soluciones, hablemos de poder, hablemos de acción. Como dijo Margaret Mead: «No debemos subestimar el poder de un grupo de ciudadanos concienciados dispuestos a cambiar el mundo». Seamos esos ciudadanos. Démosle una oportunidad a este planeta. Démosle una oportunidad a la nueva generación que está en camino, porque un día, cuando nos pregunten qué ha pasado, podremos mirarles a los ojos y decirles que al menos nosotros hicimos algo por evitarlo.

Espero que este libro ilustrado os sirva de guía y os acompañe durante todo vuestro camino para salvar el mundo. Nos vemos al otro lado. Gracias por hacer algo. Gracias por formar parte de la solución. Gracias por salvar el mundo.

2. MINIMALISMO

El minimalismo es un concepto que no podemos ignorar cuando hablamos del movimiento Zero Waste o residuo cero. Para mí fue el concepto más difícil de asimilar, ya que no se trata de un simple hábito, sino de un cambio de mentalidad. Yo no solo era consumista hasta la médula, sino que además trabajaba en la industria de la moda, que se nutre básicamente del consumismo, es decir, de vender cosas que no necesitamos, cuantas más, mejor.

Una de las preguntas que más me plantean en las redes sociales es cómo conseguí cambiar mi forma de pensar y erradicar el ansia de comprar con asiduidad (dicho más claro: cómo dejé de ser una consumista nata). No tengo una respuesta concreta, ya que creo que fue un cambio de mentalidad progresivo a medida que aprendía sobre el movimiento. Se trata de darnos cuenta de que vivimos inmersos en un sistema que nos incita a comprar y a tirar constantemente y que, además, nos enseña a valorarnos según la cantidad o el precio de

lo que poseemos. Es una cuestión mental, que en principio parece simple pero es mucho más difícil de lo que creemos, ya que se trata de desprogramar unos principios que nos han taladrado en la cabeza desde que tenemos uso de razón. No consiste en sustituir un cepillo de plástico por otro de bambú, sino en cambiar algo que forma parte de nosotros desde siempre, desde que abríamos los regalos el día de Reyes de pequeños.

CÓMO EMPEZAR

Además de mentalizarnos de que más no significa mejor, podemos dejar que el espíritu de Marie Kondo nos invada y repasar todo lo que tenemos en casa, de modo que nos quedemos únicamente con lo que de verdad necesitamos y nos hace felices. Muchas veces guardamos cosas porque nos da pena tirarlas o por si acaso, pero otras veces nos cuesta deshacernos de ellas porque sería una manera de confirmar que hemos malgastado nuestro dinero. Sin embargo, lejos de ser así, deshacernos de cosas que no nos resultan útiles y que, además, pueden servir a otros es un proceso totalmente liberador que te quita un enorme peso de encima. De verdad. Palabra de consumista reformada.

Hay muchas maneras de realizar este proceso y cada cual puede tener la suya, pero yo elegí hacerlo tal y como el libro de Marie Kondo lo explica:

Poner todo lo que tenemos en el suelo y separado por categorías, como, por ejemplo, pantalones, camisetas, camisas, faldas, chaquetas, abrigos, zapatos, accesorios y bolsos. Así podremos ver cuánto tenemos de cada cosa, en qué categorías pecamos en exceso y cuáles son nuestras mayores obsesiones.

Este proceso no solo nos ayuda a conseguir más espacio físico y mental, también nos permite saber un poco más sobre nosotros mismos. A mí me enseñó que estaba acumulando maquillaje para una persona con al menos diez caras (y teniendo en cuenta que los cosméticos caducan, el ridículo era aún mayor) y que me engañaba a mí misma al creer que utilizaría esos zapatos nuevos de taconazo más de una vez en la vida.

FASE DE SEPARACIÓN

Una vez tenemos todo ordenado por categorías, podemos ir viendo lo que más usamos y creando diferentes montones dentro de esa misma categoría: prendas que nos ponemos a menudo, prendas para ocasiones especiales y prendas que no nos hemos puesto en los últimos seis meses.

1. **Ocasiones especiales.** Recomiendo hacer un montón con cuatro o cinco prendas que podamos utilizar para bodas, eventos, celebraciones, etc. De hecho, no necesitamos mucho más, ya que, a no ser que nuestra profesión lo requiera (actrices, estilistas o similares), no nos hace falta el fondo de armario de Paris Hilton.

2. **Ropa que no hemos usado en los últimos seis meses.** Hacer una selección dentro del montón de prendas que no nos hemos puesto en los últimos seis meses es un poco más complicado. Debemos separar las que, por mucho que intentemos engañarnos, sabemos que no nos volveremos a poner. Si están en buen estado, podríamos venderlas por internet (verás opciones más adelante), donarlas o regalarlas a alguna afortunada amiga o familiar. Durante este proceso me di cuenta de que tenía un apego increíble a las cosas materiales, y que me costaba muchísimo deshacerme de prendas que me recordaban algún momento especial. Sin embargo, aprendí que los recuerdos están en nuestra cabeza y corazón, y no en un trozo de tela o zapato, y que esas prendas especiales merecían ser utilizadas a menudo por alguien que realmente las quisiera y aprovechara, en lugar de quedarse muertas de risa en el armario, cogiendo polvo. Ese vestido de licra de estampado de leopardo con brillantes incrustados no volverá a salir de la oscuridad de tu armario, y lo sabes.

FASE DEL ADIÓS

Una vez hemos aceptado que probablemente no utilizamos más que la mitad de la ropa que tenemos (las estadísticas dicen que solo un 20 %), intentaremos darle una mejor vida. Tenemos varias opciones:

- Reutilizarla de alguna forma: haciendo delantales a partir de camisas o camisetas, convirtiendo vestidos en tops, etc.
- Donarla a cualquier tienda de caridad que acepte ropa en buen estado.
- Venderla por internet (a través de eBay, Etsy, Wallapop, Depop, Chicfy, entre otros).
- Regalarla a personas que conozcamos y que sepamos que se sentirán cómodas aceptándola.
- Si están en muy mal estado, podríamos incluso hacer trapos o servilletas. Cualquier opción es buena si significa darle uso a algo que estaba como quien dice en el olvido.

VOLVER A COMPRAR ROPA: EL TRAUMA

Al menos para mí, lo fue. Una vez que me deshice de la ingente y vergonzosa cantidad de diecisiete bolsas de ropa y zapatos, pocas veces eché de menos algo de lo que me había deshecho. Mucha gente me lo ha preguntado, y lo cierto es que aunque quizá en un par de ocasiones (en años) añoré alguna pieza, aprendí a arreglarme con lo que tenía. Sin embargo, existen situaciones en las que nos veremos «obligados» a comprar ropa porque la necesitamos. Como en mi caso, por ejemplo, cuando me mudé de Londres a Barcelona y tuve que comprar sobre todo ropa de deporte y de verano porque casi no tenía.

El tema de la sostenibilidad siempre te lleva a preocuparte de otras cuestiones, como puede ser la forma en la que tu ropa se ha fabricado y las condiciones laborales de aquellas personas que la han confeccionado. Sin embargo, durante los años que trabajé en el mundo de la moda decidí ignorar estos aspectos, tal vez de manera voluntaria. A nadie le gusta pensar que algo que está haciendo inocentemente y que le encanta puede estar ocasionando daño a alguien, ya sean personas, el medio ambiente o los animales. Es un sentimiento de lo más normal. Nadie quiere pensar que su sesión de compras *low cost* el día que cobra, después de un duro mes de trabajo, pueda estar explotando a niños o personas con pocos recursos. Nadie quiere pensar que la persona que ha fabricado esa camisa de ocho euros haya cobrado uno a la semana. Por eso, preferimos ignorarlo, a menudo excusándonos con algo así como: «Bueno, eso lo hacen todas las marcas».

Sin embargo, esto no es así en absoluto. Muchísimas marcas, y por suerte cada vez más, han decidido fabricar sus productos de forma responsable y respetuosa con el planeta, los animales y las personas. Muchas otras, algunas de ellas internacionales, han tomado ya medidas y están en camino de utilizar únicamente materiales reciclados en sus productos. Y otras comenzaron su aventura emprendedora con este criterio, creando mochilas y bolsos a partir de botellas de plástico, pantalones vaqueros a partir de fibras recicladas, zapatos a partir de tela hecha de piña, y un largo etcétera.

Un estilo de vida sostenible no solo significa vivir de una forma sostenible para nosotros mismos, sino también para los demás. Por eso tenemos el deber de preguntarnos cómo afectan nuestras compras a otras personas. Aplicaciones como la de Good On You (disponible para Android y iPhone) nos ayudan a saber más sobre las políticas y procesos de cada empresa, y a asegurarnos de que estamos poniendo nuestro dinero en una empresa que representa nuestros valores. Debemos tener en cuenta que cada uno de nuestros céntimos es un voto, y cada uno de nuestros votos crea el mundo en el que vivimos. Si destinamos nuestro dinero a empresas que no solo están contaminando el planeta con sus prácticas, explotando a niños y personas (en su mayoría mujeres), utilizando a animales de forma cruel e innecesaria y, además, fomentando el consumismo y la ropa de poca calidad, ese será el mundo en el que viviremos.

Este tema es muy delicado y da para escribir todo un libro, pero el resumen es que está en nuestras manos crear un mundo mejor con cada una de nuestras compras, independientemente de si se trata de cambiar plástico por cristal o *fast fashion* por ropa ética y de calidad.

PAUTAS AL COMPRAR ROPA NUEVA

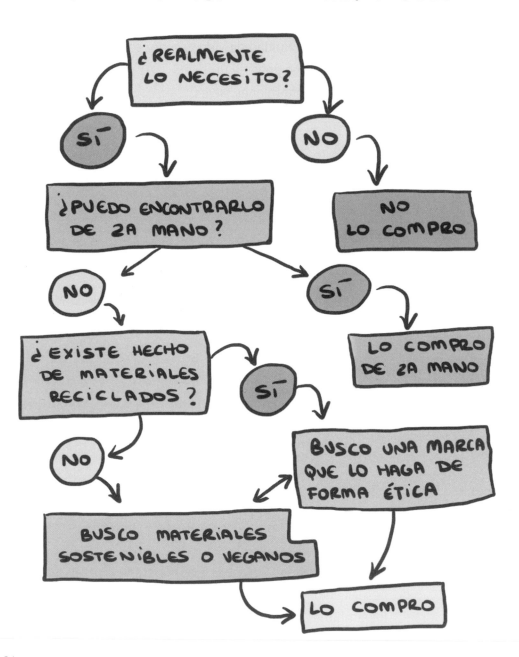

TIPS

1 En YouTube puedes encontrar infinidad de vídeos sobre cómo llevar la misma prenda de formas distintas, cómo ponerse un pañuelo de decenas de maneras o cómo reutilizar camisetas o pantalones viejos.

2 Si el consumismo se apodera de ti, elige lo que quieres comprar, pero vete de la tienda sin comprarlo. Si al cabo de una semana aún te acuerdas de ello y sigues necesitándolo, ve a comprarlo. Si no, ¡ahí se queda!

3 Intercambia ropa con familiares o amigos. Ese jersey del que tú estás harto puede ser una gran adquisición para el armario de tu hermano o vecino, y viceversa.

4 Para saber qué ropa usas más, dale la vuelta a la percha en el armario. Así, a final de mes, tendrás una idea muy clara de las prendas que casi nunca utilizas.

5 Antes de comprar algo nuevo, intenta arreglar lo que tienes. Quizá tu vecino o algún conocido sepa cómo reparar tu televisor y, a cambio, a lo mejor puedes ayudarle a encontrar información sobre retiros de yoga o enseñarle a utilizar su iPad. El intercambio de habilidades y conocimientos es muy valioso.

6 Antes de comprar algo que necesitas, trata de encontrarlo de segunda mano o de pedirlo prestado a través de aplicaciones como Wallapop, eBay, Lendi o similares.

7 Únete a grupos de minimalismo en Facebook. Encontrarás infinidad de inspiración para todo, desde cómo decorar tu casa hasta cómo practicar esta forma de vida en todos los ámbitos.

3. RECICLAJE

El reciclaje parece la mejor solución a nuestro problema de plástico y basura, ¿verdad? Nos maravilla la idea de convertir un envase que ya no necesitamos en otro nuevo y listo para usarlo otra vez. Parece algo mágico, pero no lo es.

Las estadísticas muestran que únicamente el 9,5 % del plástico y el 30 % de la basura en general se reciclan. Lejos de ser el sistema milagroso que creemos que es, el proceso de reciclaje en sí contamina bastante, ya que para convertir algo desechado en algo nuevo se requiere transporte, maquinaria, personal, materiales, agua y electricidad, entre otros recursos. El reciclaje es una última opción, no la solución a nuestro grave problema de basura.

Por desgracia, en la actualidad existen ciertas limitaciones que nos impiden ser más sostenibles, como la necesidad del envasado de los alimentos sin gluten y de algunos productos de higiene personal. Confío en que las industrias encuentren pronto alternativas a estas formas de envasado tan necesarias, pero tan dañinas al mismo tiempo.

¿CUÁLES SON LOS MATERIALES MÁS SOSTENIBLES?

1. El **plástico** es sin duda la opción menos sostenible. La Asociación Internacional de Agua Embotellada confirmó que se necesita más de un litro y medio de agua para producir un solo litro de agua embotellada. Además, para cumplir con la demanda actual de botellas de plástico, hacen falta entre 32 y 55 millones de barriles de petróleo (cada barril contiene 159 litros de crudo).

2. El **aluminio** es un material relativamente sostenible. Sin embargo, las nuevas latas suelen estar hechas a partir de bauxita, un material que se debe extraer de las minas, transportar y procesar. Además, refinar aluminio es un proceso muy contaminante que consume gran cantidad de electricidad. Aun así, para reciclar aluminio se utilizan muy pocos recursos y, al pesar poco, se puede transportar de manera eficiente, lo que lo convierte en una opción sostenible.

1. El **cristal** también es más sostenible que el plástico, aunque también presenta ventajas y desventajas. Una de las cosas buenas es que se puede reciclar infinitamente, al contrario de lo que ocurre con el plástico, que solo permite el reciclaje un número limitado de veces. Además, a la hora de desintegrarse, el cristal no desprende ninguna sustancia química tóxica (de nuevo, a diferencia del plástico). Lo «malo» del vidrio es que es muy pesado, por lo que su transporte requiere más energía que el plástico o el aluminio.

El aluminio y el cristal son las opciones más sostenibles.

La conclusión es que siempre debemos tener en cuenta estos factores y decidir cuál es la mejor opción en cada caso o situación, así como valorar qué es lo más importante para nosotros y tomar una decisión de acuerdo con lo que más nos preocupe en ese momento. Nada es blanco o negro. Está en nuestras manos elegir el punto gris con el que nos sintamos cómodos.

TIPOS DE PLÁSTICO

Dentro de los plásticos hay infinidad de variedades, algunas más fáciles de reciclar que otras. Por regla general, los más gruesos son más reciclables y los más finos, más difíciles de tratar.

Estos son los diferentes símbolos que aparecen en los envases para indicar el tipo de plástico:

PETE

BOTELLAS DE AGUA, ZUMOS

HDPE

ENVASES DE DETERGENTE, LEJÍA

PVC

BANDEJAS, PLÁSTICO PARA ENVOLVER

LDPE

BOLSAS DE COMPRA Y ENVOLTORIOS

PP

MUEBLES, JUGUETES, FORROS

PS

CAJAS DE CD, BAN-DEJAS DE NEVERA

OTROS

ACRÍLICOS, FIBRAS, NAILON

¿CÓMO RECICLAR?

Otra de las preguntas más frecuentes que recibo acerca del reciclaje es cómo hacerlo. En España tenemos un sistema bastante sencillo:

CONTENEDOR AMARILLO (PLÁSTICO, BRIKS Y LATAS)

Puedes tirar: envases de plástico (garrafas de agua, bolsas de plástico, envases de yogur, etc.), briks, chapas y tapas de metal, latas de bebidas y conservas, papel de aluminio, film transparente, bandejas de poliespán.

No puedes tirar: juguetes, tubos, mangueras de regar, cintas de vídeo y CD, envases de productos peligrosos (como disolventes o pinturas), etc.

CONTENEDOR VERDE (VIDRIO)

Puedes tirar: envases y botellas de vidrio.

No puedes tirar: vasos rotos, vidrios planos, espejos, restos de cerámica, platos, bombillas, fluorescentes.

CONTENEDOR GRIS (RESIDUO)

Puedes tirar: colillas, compresas, pañales, algodón, restos de escombros, pelo, bolígrafos y lápices usados, y excrementos de animales.

No puedes tirar: bolsas de infusión, papel de cocina sucio de aceite y restos de comida (cáscaras de huevo o de marisco, etc.), restos de madera, envases que contienen materiales tóxicos y peligrosos, ropa, etc.

CONTENEDOR MARRÓN (ORGÁNICO)

Puedes tirar: restos de carne, pescado, pan, fruta, verdura, marisco, frutos secos, cáscaras de huevo, tapones de corcho, bolsas de infusión, poso del café, papel de cocina y servilletas manchados de aceite, restos de jardinería, etc.

No puedes tirar: pelo, pañales, excrementos de animales, etc.

CONTENEDOR AZUL

Puedes tirar: envases y cajas de cartón, periódicos, revistas, libretas sin espiral metálica, sobres, bolsas de papel, folios, papel de regalo, etc.

No puedes tirar: papel y material sucio, tales como servilletas de papel o papel de cocina manchados de aceite, que van al contenedor marrón. Los briks y el papel de aluminio van al contenedor amarillo.

PUNTOS VERDES

Puedes llevar: todo lo que no puedas echar a los contenedores de la calle. Por ejemplo: vidrio plano, electrodomésticos grandes, restos de poda y jardinería, escombros, trastos viejos y muebles, ropa, calzado, cartuchos de tinta, tóneres, aparatos eléctricos y electrónicos, aceites de cocina, cables eléctricos, neumáticos pequeños, aerosoles y espráis, baterías de coche, medicamentos y cosméticos, radiografías, pilas, aceites de motor, pinturas y barnices, fluorescentes y bombillas, cápsulas de café monodosis (plástico y aluminio).

No puedes llevar: residuos industriales especiales, tóxicos y peligrosos; residuos sanitarios y residuos orgánicos.

Esta información la encontrarás fácilmente en la página web de tu ayuntamiento o en internet.

TIPS

1 Infórmate en la web de tu ayuntamiento sobre dónde y cómo reciclar diferentes materiales y objetos correctamente. ¡Cada municipio tiene sus propias normas!

2 No uses el reciclaje como solución, sino como último recurso.

3 Antes de reciclar, intenta dar a los envases otros usos (recipiente para germinar semillas, posavasos, vaso para velas, joyero, tiesto...).

4 Limpia un poco los envases antes de reciclarlos; no los tires con producto dentro.

5 Separa siempre los tapones de aluminio de las botellas de vidrio, ya que estos materiales van en distintos contenedores.

6 Facilita el reciclaje selectivo doméstico utilizando cajas de cartón que encuentres en el contenedor azul y decorándolas a tu gusto (perfecto para hacerlo con niños).

7 Antes de reciclar algo, pregunta a tus amigos o familiares si quieren o pueden utilizarlo. Otra opción es donarlo a grupos de Facebook o aplicaciones como Wallapop. ¡Los recipientes de cristal o de plástico son muy valiosos para las comunidades de manualidades!

4. BÁSICOS PARA EMPEZAR

Para adoptar un estilo de vida Zero Waste diría que lo imprescindible es ser consciente de que el residuo cero en sí no existe. Insisto en esta frase porque, en los años en los que he estado inmersa en el movimiento Zero Waste, me he dado cuenta de que mucha gente aspira a generar cero residuos como si eso fuera posible. El residuo cero es un concepto que nació a mediados de los años setenta y se refería a las prácticas industriales. Tenía como objetivo no generar ningún tipo de residuo, probablemente por interés económico más que medioambiental. Hoy en día, el concepto ha cambiado por completo y hace referencia a generar el mínimo residuo posible.

Hablo de «mínimo residuo posible» porque tenemos que quitarnos de la cabeza que es posible no generar ningún tipo de residuo. El simple hecho de estar vivo implica dejar o crear desechos. Podríamos vivir en la montaña sin internet, sin ropa y sin queso vegano, y aun así generaríamos algún tipo de residuo. También hay que tener en cuenta que, para la mayoría de las personas que vivimos en países desarrollados, vivir sin unas comodidades mínimas, como pueden ser la electricidad, el agua potable o la ropa, entre otras, resulta impensable. Aunque no vivamos de forma ostentosa, el simple hecho de tener un techo bajo el que vivir implica una creación de residuos.

Durante estos últimos años me he encontrado con gente que, con la mejor de sus intenciones, ha llevado este movimiento del residuo cero hasta límites que, incluso yo, que soy una persona totalmente implicada, considero surrealistas e innecesarios. Me han hecho preguntas como «¿Puedo entregar mis análisis de orina en un bote de cristal esterilizado en casa?» o «¿La ropa interior se puede comprar de segunda mano?». Casi siempre ocurre algo así cuando surge un movimiento nuevo: al principio es ignorado e incomprendido y termina por llevarse al extremo. Como veremos en las páginas siguientes, existen tantísimas cosas aún por hacer dentro de este movimiento que es imposible que alguien llegue al punto en el que su único residuo sean productos médicos y ropa interior.

Merece la pena concentrarnos en nuestra vida diaria y emplear nuestra energía en lo que, a efectos prácticos, marca una diferencia, como veremos a lo largo de esta guía.

¿CÓMO EMPEZAMOS?

Lo primero es aprender la pirámide de Zero Waste para hacernos una idea de cómo funciona este proceso y cuáles son las opciones a la hora de consumir y tirar.

RECHAZAMOS lo que no necesitamos.

REDUCIMOS lo que necesitamos.

REUTILIZAMOS todo lo que tenemos y adquirimos.

RECICLAMOS lo que no podemos rechazar, reducir o reutilizar.

COMPOSTAMOS el resto (lo que no se puede rechazar, reducir, reutilizar o reciclar).

RECHAZAR

Cuando hablo de rechazar me refiero a aprender a decir que no a cosas que no necesitamos, o a no invertir nuestro dinero en empresas o prácticas con las que no estamos de acuerdo. Por ejemplo, estaríamos hablando de rechazar cuando no cogemos el bolígrafo de propaganda que nos ofrecen en la gestoría o cuando nos vamos de un establecimiento en el que solo ofrecen plátanos envueltos en plástico. Parece mucho más sencillo de lo que es, porque el sistema actual en el que vivimos no está preparado para el residuo cero, y no todo el mundo está concienciado con este movimiento.

REDUCIR

Significa vivir con menos y decir no al consumismo. Soy la primera que admite haber sido una consumista probablemente toda mi vida, y nunca me di cuenta. Lo consideraba un comportamiento normal, la forma de actuar propia de esta sociedad.

Cuando quieres vivir de manera sostenible, lo más importante es que seas consciente de que tal vez más del 50 % de tus pertenencias son innecesarias y que puedes vivir perfectamente con menos de la mitad de lo que tienes.

Nadie necesita 109 pares de zapatos (como yo tenía), ni tampoco un electrodoméstico para cada tarea, ni siquiera quince juegos de sábanas. Lo fundamental es aprovechar lo que tenemos y vivir con menos. Una persona con un estilo de vida extremadamente consumista puede llegar a vivir de una forma minimalista y Zero Waste. Ahora utilizo unos cinco pares de zapatos por estación y me parecen más que suficientes.

REUTILIZAR

Reutilizar es uno de los pasos más importantes. Se trata de ser creativos y utilizar lo que tenemos de todas las formas posibles que se nos ocurran, es decir, dar otros usos a objetos o residuos que tiraríamos a la basura sin pensar. Convertir una lata de espárragos en una maceta, un táper de consistencia sospechosa en un bote para guardar lápices, aprovechar la bolsa de plástico de los cereales para conservar el pan y que no se seque, o los frascos de cristal de tomate frito para guardar comida en la nevera o poner los pinceles de maquillaje.

Reutilizar antes de reciclar o tirar.

RECICLAR

Reciclar también es una parte integral de la vida sostenible, pero, como veremos más adelante, es un último recurso. El reciclaje es un proceso muy contaminante que también crea residuo, por lo que no podemos considerarlo una panacea ni depender de ello para vivir de una forma más sostenible. Sin embargo, es un recurso esencial para tratar todo aquello que nos resulta imposible rechazar, reducir o reutilizar. Reciclar no es un gesto heroico sino lo mínimo que todos deberíamos hacer, lo básico para una persona cívica.

COMPOSTAR

Compostar significa tratar el residuo orgánico de forma que este sea procesado para otros fines. En Suecia, parte del compost se utiliza para crear energía para autobuses urbanos, pero también podemos usar el compost simplemente para devolver a la naturaleza parte de lo que nos ha dado. Todas las peladuras, restos de ensalada, cáscaras de frutos secos, corazones de manzana... pueden convertirse en alimento para la tierra, ayudando así a que las plantas, los árboles y las verduras crezcan en mejores condiciones. Y lo mejor de todo es que ¡nuestro cubo de la basura dejará de apestar!

KIT BÁSICO

Una vez interiorizados estos conceptos, el siguiente paso es adecuar nuestro día a día: reutilizar todo aquello que tenemos en casa, evitando comprar cosas nuevas, e invertir en objetos básicos, como botellas de aluminio o cristal, que amortizaremos rápidamente.

El kit básico de residuo cero nos permitirá prescindir, tanto dentro como fuera de casa, de los «mayores culpables» de la contaminación en nuestro día a día: el plástico de un solo uso.

- Botella reutilizable de cristal o aluminio.
- Taza reutilizable de acero inoxidable, cristal, bambú o trigo.
- Set de cuchillo, cuchara y tenedor de bambú para comer fuera de casa.
- Bolsa de algodón para la compra.
- Bolsas reutilizables de tela para comprar a granel.
- Botes de cristal.
- Pajitas de bambú o de acero inoxidable.

Con este kit reduciremos nuestro residuo diario de plástico de manera significativa. Podemos llevarlo en el bolso o en la mochila, ya que no ocupa demasiado espacio; yo siempre lo hago. A partir de aquí, podemos concentrarnos en otros ámbitos más concretos de nuestra vida para reducir la generación de residuos y comenzar nuestro camino hacia una vida más sostenible.

BOTELLA DE ALUMINIO

CUBIERTOS DE BAMBÚ

TAZA REUTILIZABLE

SERVILLETAS DE TELA

BOLSA SNACK

KIT BÁSICO ZERO WASTE

BOTES DE CRISTAL

PAJITAS ACERO O BAMBÚ

BOLSAS DE TELA

TIPS

1 No hace falta que compres todo el kit de golpe. Hazlo poco a poco, pero sobre todo no tires lo que ya tienes; utilízalo hasta que se rompa y solo entonces compra otro nuevo.

2 No pretendas cambiar tu estilo de vida de la noche a la mañana. Ve despacito y de forma realista.

3 Únete a comunidades de residuo cero online, donde podrás encontrar a personas en tu mismo camino y ahorrar recursos de transporte compartiendo gastos de envío cuando compres online algo que necesites.

4 En lo que se refiere a papelería y material de oficina, intenta adquirirlo de segunda mano (plumas estilográficas y tintas, por ejemplo) que el papel sea reciclado en la medida de lo posible.

5 No necesitas comprar bolsas de tela si tienes telas o camisetas por casa. Puedes confeccionarlas fácilmente cosiéndolas o incluso darles forma con varios nudos. En YouTube tienes muy buenos tutoriales para aprender a hacerlo.

6 Para evitar la propaganda indeseada, recuerda poner un cartel en tu portal o tu buzón que confirme que no permites correo comercial.

7 Opta por recibos electrónicos. Casi todos los bancos y compañías eléctricas o de agua te ofrecen la posibilidad de recibir las facturas a través de tu correo electrónico. Ahorrarás papel, tinta, transporte y, probablemente, plástico.

5. ENERGÍA Y RECURSOS

ELECTRICIDAD

Cuando hablamos de contaminación, siempre pensamos en plásticos, envases y bolsas de basura, elementos físicos y probablemente malolientes, como el contenedor de basura rebosante de bolsas de plástico. Sin embargo, la contaminación implica mucho más y atañe a cosas tan básicas en nuestra vida como la electricidad.

La industria energética es una de las más contaminantes puesto que produce:

- Dióxido de carbono (CO_2)
- Monóxido de carbono (CO)
- Dióxido de sulfuro (SO_2)
- Óxidos de nitrógeno (NO_x)
- Material particulado
- Metales pesados como el mercurio

A pesar de no ser algo tangible, debemos tener muy en cuenta el consumo de energia eléctrica a la hora de vivir de un modo más sostenible. En una casa habitada por tres personas se consume una media de 9.922 kWh, lo que equivale a 0,85 toneladas de petróleo al año. Por ello, es esencial reducir nuestro consumo eléctrico al mínimo para disminuir nuestro impacto medioambiental.

Reducir este tipo de contaminación comienza por lo más obvio: ser conscientes de nuestro consumo y evitar el gasto innecesario de energía en el día a día. Y que conste que soy la primera que ama cocinar, el libro electrónico, el robot de cocina y el ordenador portátil, que es mi herramienta de trabajo. Aunque en la actualidad no podamos prescindir de los aparatos electrónicos, y a pesar de que a veces resultan incluso más respetuosos con el medio ambiente que otras alternativas, no debemos utilizarlos sin pensar. Además, existen varios trucos domésticos que nos ayudarán a reducir el consumo de este recurso.

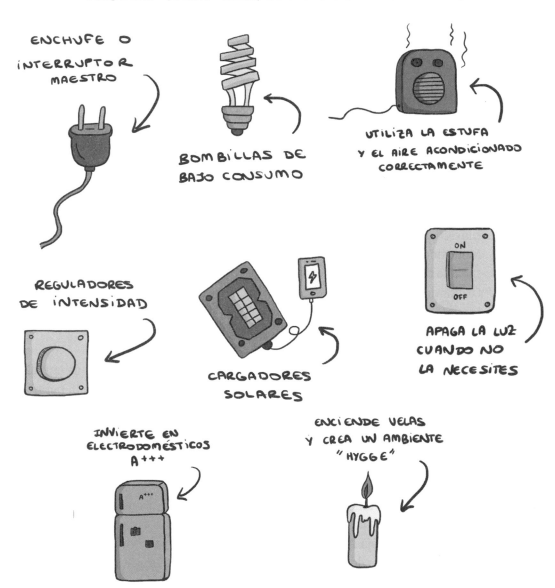

TRUCOS PARA AHORRAR ELECTRICIDAD

ENCHUFE O INTERRUPTOR MAESTRO

BOMBILLAS DE BAJO CONSUMO

UTILIZA LA ESTUFA Y EL AIRE ACONDICIONADO CORRECTAMENTE

REGULADORES DE INTENSIDAD

CARGADORES SOLARES

APAGA LA LUZ CUANDO NO LA NECESITES

INVIERTE EN ELECTRODOMÉSTICOS A+++

ENCIENDE VELAS Y CREA UN AMBIENTE "HYGGE"

AGUA

El agua es otro recurso que no podemos menospreciar. Tenemos la suerte de vivir en un país en el que disponemos de agua potable, pero en otros lugares del mundo hay personas que mueren porque no pueden acceder a ella. Además, el agua es un recurso finito. Muchos científicos y expertos en cambio climático han augurado que habrá guerras por el agua en el futuro, a medida que la temperatura global suba y algunas zonas se conviertan en desérticas e inhabitables. Debemos respetar, ahorrar y utilizar el agua de una manera adecuada, independientemente de su precio, accesibilidad o de si llueve o no en la zona.

Para ser más sostenibles, el primer paso, al igual que en el caso de la electricidad, es ser consciente de nuestro consumo y no derrochar. Hay varias formas de disminuir el consumo y diferentes maneras de aprovechar la que sí necesitamos usar. Solo será necesario adaptar un poco nuestro hogar y adoptar una actitud creativa y ahorradora.

Si en nuestra localidad no podemos beber agua del grifo, debemos tener en cuenta otras cuestiones, además del ahorro de agua. Por ejemplo, muchas personas suelen optar por botellas de plástico para beber agua en casa, pero esta medida es contraproducente, ya que son necesarios muchos recursos para fabricar una botella de plástico.

Para crear una botella de un litro de agua, hacen falta dos litros de agua. Es evidente que beber agua embotellada, tanto en casa como fuera, resulta insostenible para el medio ambiente. Por suerte, hoy en día tenemos varias alternativas.

OPCIONES PARA SUSTITUIR EL AGUA EMBOTELLADA

FILTROS BINCHOTAN

TORRE FILTRO BERKEY

FILTRO TAPP 2

FILTROS OSMOSIS

TRUCOS PARA AHORRAR AGUA

INSTALA AIREADORES Y CIERRA EL GRIFO CUANDO NO LO USES

DATE DUCHAS RÁPIDAS Y USA EL AGUA DEL PRINCIPIO PARA REGAR PLANTAS O FREGAR SUELOS

CON UN LADRILLO DENTRO REDUCES EL AGUA QUE SE USA

APROVECHA EL AGUA DE LOS BAÑOS PARA LA CISTERNA

APROVECHA EL AGUA DE HERVIR PARA REGAR LAS PLANTAS

TIPS

1 No tengas miedo de cambiar de compañía eléctrica. Investiga y valora cuáles son más económicas y ecológicas al mismo tiempo.

2 A ser posible, instala un sistema que te permita controlar todos los puntos de electricidad y dispositivos de tu casa desde una sola fuente y apagar los que desees. Los electrodomésticos y aparatos electrónicos en *stand by* consumen hasta un 10% de la energía eléctrica de una casa.

3 Utiliza tu imaginación. Si estás hirviendo pasta en una placa de vitrocerámica, pon un hervidor de bambú sobre la olla para cocinar a la vez unas verduras al vapor, y ahorrar así tiempo y energía.

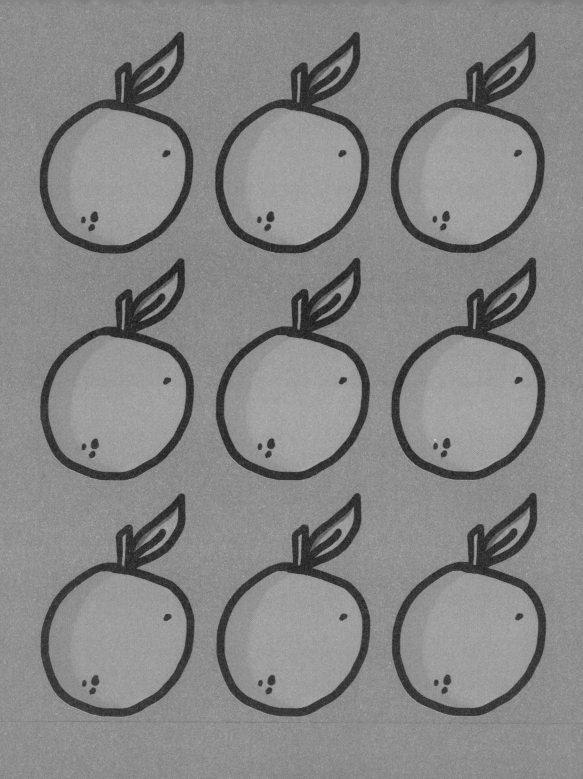

6. ACTIVISTAS EN LA COCINA

La cocina tal vez sea uno de los grandes retos para hacer nuestro hogar más sostenible. La utilizamos todos los días, nos pasamos horas en ella cocinando, comiendo, ordenando y colocando la compra. Es el corazón de cada casa, un lugar mágico en el que se crea a diario algo que, literalmente, nos da la vida. Por esto mismo es la estancia de la casa en la que más cambios tenemos que realizar, a pesar de que seguirá siendo donde se genere más basura, independientemente del esfuerzo que invirtamos en convertirla en zona de residuo cero.

Hace poco, un familiar que había visto mi charla TEDx me comentaba que se había planteado el tema de los residuos domésticos y se había dado cuenta de que el 90 % de la basura de su casa era plástico. En la cocina este porcentaje es habitual, ya que si separamos los residuos orgánicos (que van a su contenedor correspondiente), la basura restante es plástico: bandejas de comida envasada, film, paquetes, bolsas y utensilios en general, todos ellos productos que no son reciclables y acumulamos casi a diario.

Para ser sostenibles, en primer lugar hay que aceptar que esa forma de vivir no lo es. Por supuesto, los fabricantes de esos envases son los principales responsables de la acumulación de residuos (además de un Gobierno que no actúa en consecuencia para prohibir ciertas prácticas o materiales), por lo que debemos escribir una queja, a diario si es preciso, a todas esas empresas que proporcionan alimentos envueltos en plástico no reciclable ni compostable. Si reclamamos un cambio de forma masiva, los responsables tomarán medidas. Muchas veces las empresas dependen de los avances que hagan aquellos que les proporcionan los envoltorios, pero solo así ellos mismos exigirán a estas empresas de creación de *packaging* que inventen una alternativa más sostenible lo antes posible. Solo presionando continuamente y votando con nuestro dinero, conseguiremos cambiar el *statu quo*.

Algunos productos, como los envasados al vacío y los aptos para celíacos, van envueltos en plástico por necesidad. Pero si solo fueran estos productos, no tendríamos un problema de basura tan grande. A diario vemos fruta envuelta en plástico, así como galletas, cereales, yogures, pan de molde, frutos secos, productos frescos y de limpieza... Los supermercados son un nido de plástico, prescindible en un 90% de los casos. Por eso, siempre debemos quejarnos del uso innecesario del plástico tanto al supermercado como a la marca del producto, aunque sea con un rápido correo electrónico, independientemente de si acabamos comprando el producto o no.

HACIA UNA COCINA SOSTENIBLE

Podemos dividir los cambios que debemos aplicar en la cocina en dos categorías: la comida y los utensilios de cocina. El tema de los utensilios es bastante más fácil de gestionar, como veremos más adelante, ya que se trata simplemente de sustituir unos productos por otros (aunque recuerda que lo más sostenible es siempre utilizar lo que ya tienes en casa; espera siempre a que las cosas se rompan antes de comprar algo nuevo). Sin embargo, a la hora de cambiar nuestros hábitos de consumo en lo referente a comida y alimentos, hay que tener en cuenta unas cuantas cosas.

HACER LA COMPRA

Hacer la compra es tal vez lo más difícil, ya que requiere comunicación e interacción con otras personas que pueden estar de acuerdo o no con nuestra forma de ver las cosas. No podemos esperar que todo el mundo esté informado sobre temas de sostenibilidad (aunque debería, porque es asunto de todos y todas) y que lo primero que hay que comprar es paciencia, si hablamos de Zero Waste. Es probable que tu frutero lleve más de cuarenta años proporcionando bolsas de plástico a sus clientes y que tu panadera, que hace un pan de molde exquisito, no se haya planteado utilizar bolsas de maíz compostables o sugerir a sus clientes que traigan la suya, y es normal. Los seres humanos amamos las costumbres, y si alguien nos cuestiona algo que llevamos haciendo prácticamente toda la vida, nos sienta como un tiro. Sin embargo, estoy convencida de que con la actitud correcta y empleando un tono agradable y libre de condescendencia se pueden conseguir muchas cosas.

La compra a granel es esencial a la hora de reducir tanto el residuo como el impacto medioambiental.

Cuando vayas a comprar a granel, lleva bolsas reutilizables. Son prácticas, sostenibles y las hay de diversos materiales. Una vez en el establecimiento tienes dos opciones: avisar al personal de la tienda antes de comprar para que sepa cómo quieres hacer la compra, la opción más recomendable en establecimientos pequeños, o comprar sin preguntar. La elección depende de la personalidad de cada uno; lo importante es llevarlas siempre encima. Otro recurso muy útil son los botes de cristal.

TIPOS DE BOLSAS QUE PUEDES USAR PARA HACER LA COMPRA

BOLSAS DE PAPEL REUTILIZADAS

BOLSAS DE TELA (ALGODÓN, CÁÑAMO)

BOLSAS DE FIBRA DE PLÁSTICO RECICLADO

BOLSAS DE CEREALES REUTILIZADAS

CÓMO COMPRAR CON BOTES DE CRISTAL

- TARA / PESA EL BOTE EN CASA O EN CUANTO ENTRES EN LA TIENDA

- DEBEN ESTAR LIMPIOS Y SECOS

- PREGUNTA EN LA TIENDA SI PUEDES SERVIRTE TÚ MISMO/A

- CIERRA BIEN LA TAPA PARA EVITAR LA CONTAMINACIÓN

* PUEDES ESCRIBIR EL PESO DEL BOTE VACÍO EN LA TAPA CON ROTULADOR PERMANENTE.

Además, no olvidemos llevar siempre una lista de la compra para asegurarnos de que no se nos olvida nada y de que llevamos suficientes bolsas reutilizables, jarras, táperes o envases para guardar todo lo que necesitamos comprar.

También podemos confeccionar bolsas para la compra reutilizables nosotros mismos con materiales que tenemos por casa. Solo necesitamos aguja e hilo y una camiseta, camisa, pañuelo o tela de cualquier tipo, aunque es mucho más fácil coserlas a máquina, por supuesto. Aquí tienes un modelo de bolsa de confección casera:

CÓMO HACER TU PROPIA BOLSA DE TELA

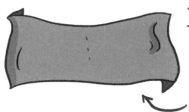

1. UTILIZA CUALQUIER TELA QUE TENGAS POR CASA (TRAPOS, CAMISETAS) EN FORMA RECTANGULAR

2. DÓBLALA POR LA MITAD (PARTE INTERIOR POR FUERA) Y COSE LOS LADOS DEJANDO UN MARGEN DE 1CM EN EL BORDE

3. DALE LA VUELTA PARA QUE LAS COSTURAS NO SE VEAN Y UTILÍZALA PARA COMPRAR FRUTA, VERDURA, LEGUMBRES...

Recordemos que, cada vez que compramos a granel con nuestras bolsas reutilizables, estamos prescindiendo de un envase de plástico, y eso no solo significa que evitaremos generar el residuo, sino también usar recursos como el agua y el crudo necesarios para fabricar estos envases.

Una vez en casa después de hacer la compra, debemos guardarla correctamente en los táperes de plástico que tengamos, botes de cristal o trapos.

TRUCOS PARA ORGANIZAR LOS ALIMENTOS EN LA COCINA

VEGETALES EN BOTES CON AGUA

ENVASES REUTILIZADOS PARA GUARDAR EN LA NEVERA

PLATOS HONDOS COMO TAPA

WRAPS DE CERA VEGETAL

HOJAS DE ENSALADA EN TRAPOS DE TELA

TÁPER DE ALUMINIO O CRISTAL

BOTES DE CRISTAL PARA CONGELAR

LA COMIDA

Cuando lo tengamos todo organizado en casa, haremos lo posible por no desechar absolutamente nada de lo que hemos comprado. Tiramos el doble de comida que hace diez años, y eso, teniendo en cuenta que ahora los recursos son aún más limitados, es un dato alarmante. Así pues, debemos ser consecuentes y comprar y cocinar con la cabeza.

Lo que en un principio nos parecen simples sobras o peladuras pueden convertirse en un nuevo y delicioso plato o en un producto para limpiar la cocina. Solo hay que tener un poco de imaginación y ser creativos.

PELADURAS DE CÍTRICOS

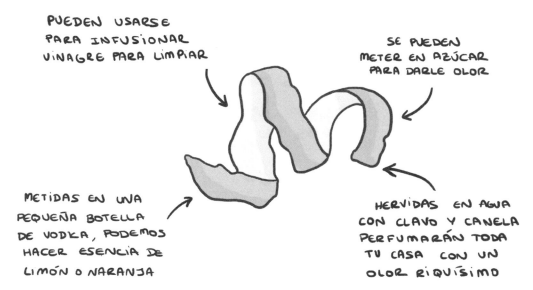

PUEDEN USARSE PARA INFUSIONAR VINAGRE PARA LIMPIAR

SE PUEDEN METER EN AZÚCAR PARA DARLE OLOR

METIDAS EN UNA PEQUEÑA BOTELLA DE VODKA, PODEMOS HACER ESENCIA DE LIMÓN O NARANJA

HERVIDAS EN AGUA CON CLAVO Y CANELA PERFUMARÁN TODA TU CASA CON UN OLOR RIQUÍSIMO

SI TIENES PAN DURO,
PUEDES HACER PAN
RALLADO A PARTIR
DE ÉL

RALLA EL PAN
CON UN RALLADOR
DE QUESO

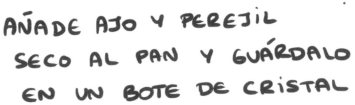

AÑADE AJO Y PEREJIL
SECO AL PAN Y GUÁRDALO
EN UN BOTE DE CRISTAL

UTENSILIOS DE COCINA

En lo que se refiere a utensilios de cocina, tengo que confesar que durante un tiempo se me fue un poco la mano, principalmente porque comparto recetas en mi página web y en mi cuenta de Instagram, y a lo largo de los años fui acumulando infinidad de artilugios con la excusa de que los necesitaba para realizar las recetas o para las fotografías de las redes sociales.

Sin embargo, una vez que adopté una mentalidad más minimalista, me di cuenta de que todos esos artilugios y cachivaches estaban haciendo de mi cocina un estrés. Primero, porque jamás encontraba lo que buscaba, y segundo, porque cuando tenía tiempo para cocinar, me limitaba a usar los mínimos para ahorrar tiempo y espacio en el lavavajillas. Así somos en realidad: la teoría nos encanta, pero al final siempre tratamos de ser lo más prácticos posible.

Por supuesto, si te encantan los gofres y los preparas cada semana, como en mi casa, necesitarás una máquina para hacer gofres. Pero, por ejemplo, no necesitas una máquina para hacer cupcakes, una plancha para crepes y otra para tortitas. Con una sartén y un molde básico nos basta y nos sobra. Tampoco nos hacen falta trescientos moldes de silicona con formas diferentes. Nos apañamos la mar de bien con uno de medida estándar; las magdalenas no van a saber diferentes porque sean un poco más grandes de lo normal, y el pan no va a quedar amargo porque utilicemos un molde un poco más alargado.

Lo que quiero decir con esto es que si amamos la cocina y queremos disfrutarla, ahorrando espacio, recursos y dinero, podemos apañarnos con unas pocas cosas. Yo he descubierto que solo necesito el siguiente kit básico, y he donado, regalado o vendido el resto (que utilizaba de Pascuas a Ramos y ocupaban un valioso espacio):

Lo más importante es que seamos honestos con nosotros mismos y no nos dejemos llevar por el *hype* de ciertos productos. Intentan convencernos de que necesitamos muchas cosas y no nos damos cuenta de que tenemos en casa electrodomésticos y artilugios que son aptos para múltiples tareas.

Y, por último, también tenemos que reconocer que podemos vivir perfectamente sin algunos. No olvidemos que cada utensilio es un gasto adicional de materiales (en muchos casos no reciclables, ya que son eléctricos), embalaje, transporte y, sobre todo, de recursos a la hora de deshacernos de ellos cuando ya no los necesitemos.

Es primordial que antes de comprar algo nos planteemos si lo necesitamos o no, y que tratemos de conseguirlo de segunda mano. De esta manera, si no lo utilizamos demasiado, al menos no habremos creado demanda de esos recursos adicionales y siempre podremos volver a ponerlo a la venta o donarlo. Pero seamos sinceros: todos sabemos que el centrifugador de ensalada es un suplicio para la vista y el espacio de nuestra cocina.

KIT BÁSICO DE UTENSILIOS

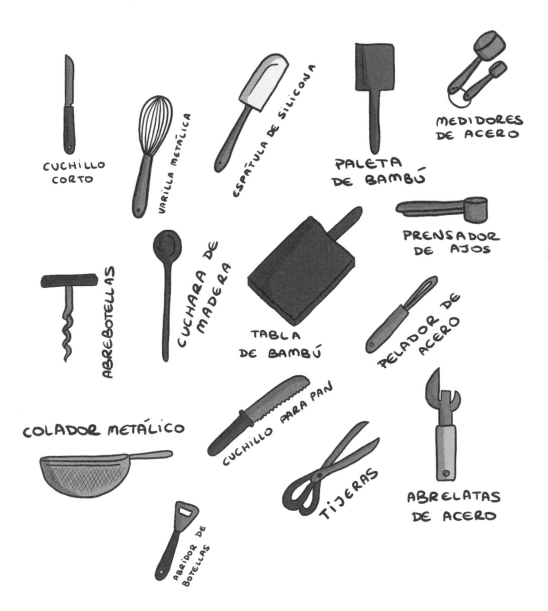

CUCHILLO CORTO

VARILLA METÁLICA

ESPÁTULA DE SILICONA

PALETA DE BAMBÚ

MEDIDORES DE ACERO

PRENSADOR DE AJOS

ABREBOTELLAS

CUCHARA DE MADERA

TABLA DE BAMBÚ

PELADOR DE ACERO

COLADOR METÁLICO

CUCHILLO PARA PAN

TIJERAS

ABRELATAS DE ACERO

ABRIDOR DE BOTELLAS

ALTERNATIVAS PARA UNA COCINA MÁS MINIMALISTA

MICROONDAS

UTILIZO LA PLACA
DE INDUCCIÓN U HORNO

VARILLA PARA ESPUMA

UTILIZO LA
VARILLA METÁLICA

ESCURRIDOR ENSALADA

LA DEJO SECAR EN
EL COLADOR METÁLICO

PANIFICADORA

UTILIZO EL HORNO

RODILLO

USO UNA BOTELLA DE CRISTAL

TIPS

1 Guarda los restos orgánicos para compostar en un táper o una fuente de aluminio grande dentro del congelador para que no huelan y para no tener que bajar al contenedor a diario.

2 Para evitar cocinar varias veces a la semana, prepara grandes cantidades y congela lo que no te comas, sobre todo básicos, como arroz o quinoa, que además se encuentran a granel fácilmente. Así no los comprarás precocinados o envasados.

3 Utiliza tu imaginación. Usa botellas de cristal como rodillos para extender una masa, vasos para hacer formas redondas en repostería o peladores para cortar a láminas. No hace falta que compres un artilugio para cada tarea.

4 Ten siempre un bote de cristal en el congelador y ve acumulando restos de comida para un caldo: trozos de cebolla, puntas de zanahoria o ajo, hojas de puerro... Cuando el bote esté lleno, prepara el caldo.

5 Para que la verdura y la fruta fresca te dure más tiempo, lávala en cuanto llegues a casa sumergiéndola en un bol con agua y vinagre de manzana unos minutos, aclárala y guárdala en el compartimento adecuado de la nevera.

6 Las zanahorias, rábanos, ajos tiernos, puerros y similares pueden guardarse en la nevera en jarras de cristal con agua, como si fueran flores frescas. Durarán mucho más.

7 Escribe con rotulador permanente el peso de todos tus envases y bolsas, para que así no tengas que pesarlos cada vez que vayas a comprar.

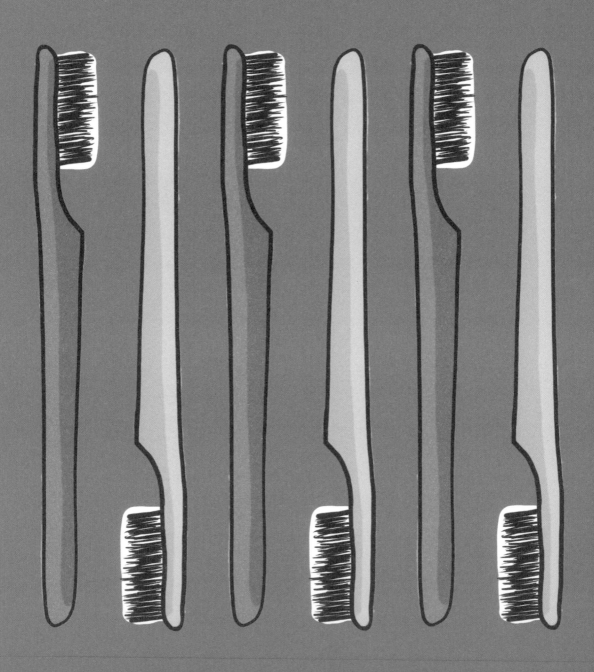

7. BELLEZA E HIGIENE

BELLEZA

Actualmente es muy fácil encontrar alternativas a casi todo lo que tenemos en el baño o que utilizamos para el aseo. Cuando comencé con esta aventura en 2015, la única forma de disponer de cosméticos o productos de belleza sin residuo o sin plástico era hacerlos en casa. Por aquel entonces vivía en Londres, donde había más de una tienda que vendía a granel ingredientes para cosméticos, como mantecas, ceras vegetales, aceites, etc. Sin embargo, cuando me mudé a España no encontré ningún establecimiento de este tipo, así que tuve que buscar nuevas alternativas, la mayoría productos ya fabricados.

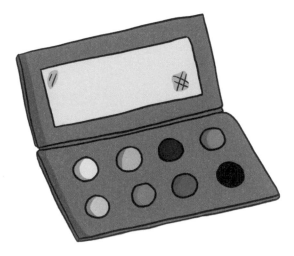

Antes de dedicarme a la moda, tuve mi propio blog de belleza durante varios años. En el blog, que fue bastante popular, daba mi opinión sobre diferentes cosméticos y enseñaba mis compras (casi semanales) de artículos de maquillaje y cosmética. Mi fascinación por ese mundo me llevó a comprar en pocos años más productos que todos los maquilladores de Kim Kardashian juntos, pero una vez que salí de esa burbuja de consumismo, me di cuenta de que, a decir verdad, necesitamos muy pocas cosas para nuestra higiene y belleza; basta con unos cuantos productos básicos de calidad y algo de organización. También es básico entender que no nos hace falta un cosmético diferente para cada cuidado y cada parte del cuerpo. La industria de la belleza ha hecho un muy buen trabajo de marketing para convencernos de que necesitamos infinidad de productos para cuidarnos y tener un aspecto presentable, cuando, por supuesto, no es así. Más allá de la higiene básica, todo lo que compramos es prescindible. O sea, que lo compramos porque queremos, y me parece perfecto porque, a pesar de haber superado mi época de obsesa de la belleza, aún me gusta cuidarme, utilizar cosméticos de calidad y acicalarme de vez en cuando.

Cuando se trata de elegir productos de higiene y belleza, cada uno tiene sus motivos y prioridades. Hay personas que, además de eliminar productos innecesarios de su día a día, prefieren comprar productos sin parabenos, sin colorantes, sin siliconas, sin gluten, sin ingredientes químicos... En mi caso, lo importante a la hora de elegir cosméticos es que no contengan ingredientes animales y que no se hayan testado en ellos. También evito cualquier producto de higiene que contenga microesferas, como algunas pastas de dientes, limpiadores y exfoliantes faciales. La razón es que las microesferas no son biodegradables y, después de pasar por nuestro desagüe, terminan en ríos, lagos y mares. Estas bolitas diminutas de menos de dos milímetros están hechas de poliestireno (PE), polipropileno (PP), tereftalato de polietileno (PET), polimetilmetacrilato (PMMA) o nailon, es decir, plástico, que termina muchas veces en el estómago de los animales marinos. Por este motivo se han prohibido ya en países como el Reino Unido.

HIGIENE PERSONAL

Esta categoría es bastante fácil de adaptar al residuo cero. Antes de renovar nuestros productos, lo más coherente es terminar los que tenemos. De nada ayuda (más bien al contrario) tirar a la basura ese gel de baño en bote de plástico que está en la repisa de la bañera. Primero lo acabaremos, y entonces podremos reciclar el bote correctamente y optar por una versión más sostenible para reponerlo.

También podemos sustituir los productos de un solo uso o de plástico que utilizamos en el baño. Seguro que en un principio no te parecen muchos, pero en realidad lo son: piensa en todos los bastoncillos de plástico, las toallitas desmaquillantes o húmedas, los algodones y artículos similares que utilizas casi a diario. Para reemplazarlos existen alternativas sostenibles que encontrarás fácilmente en tiendas especializadas o en internet.

KIT BÁSICO DE PRODUCTOS DE HIGIENE

CREMA DE DUCHA SÓLIDA

BOLSA CRIN PARA JABÓN

NUECES DE JABÓN

CHAMPÚ Y ACONDICIONADOR

PASTILLA DE JABÓN

HIDRATANTE SÓLIDA

ACEITE MULTIUSOS

COCO

Estas son las sustituciones que nos ayudarán a convertir nuestro cementerio de plásticos en una zona minimalista sin residuos.

SUSTITUCIONES DE PRODUCTOS DE UN SOLO USO CON MATERIALES SOSTENIBLES

ALGODONES REUTILIZABLES

PEINE DE BAMBÚ

CEPILLO DE CACTUS

CEPILLO MANGO DE BAMBÚ

ESPONJA DE LUFA

PINZAS

HORQUILLAS METÁLICAS

GOMAS DE PELO DE ALGODÓN

SUSTITUYE DESECHABLES

POR MAQUINILLAS DE ACERO INOXIDABLE

LOS RECAMBIOS
SON RECICLABLES
(Y SUELEN VENIR
EN CAJA DE PAPEL)

USA ACEITE
DE COCO
EN LUGAR DE
ESPUMA DE AFEITAR

GUÁRDALA
EN UN SITIO SECO
CUANDO NO LA USES

TE DURARÁ
PARA SIEMPRE
♡

MENSTRUACIÓN

En cuanto a los productos de higiene que se emplean durante el ciclo menstrual, existen también diversas alternativas respetuosas con el medio ambiente. ¡Menos mal! Porque cada compresa que utilizamos puede tardar hasta 500 años en desaparecer. Sí, ¡500 años! Es decir, que tu primera compresa (probablemente una superancha que te dio tu madre) aún no se ha degradado y existe en alguna parte del mundo. Y si tenemos en cuenta que a lo largo de su vida una mujer usa una media de 13.000 productos menstruales, y multiplicamos esta cifra por la cantidad de personas que menstrúan en el mundo, comprenderemos que las consecuencias son catastróficas para el medio ambiente.

Por suerte el mercado ha reaccionado y ofrece alternativas sostenibles para todos los gustos y casos como por ejemplo:

LAS COPAS MENSTRUALES

ESTÁN HECHAS DE SILICONA

DURAN HASTA 10 AÑOS

DEBEN ESTERILIZARSE CADA CICLO

EVITAN LOS OLORES

PUEDEN LLEVARSE HASTA 12 HORAS SEGUIDAS

COMPRESAS REUTILIZABLES

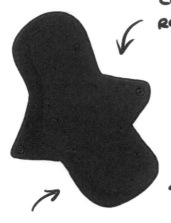

HECHAS DE TELA Y "PULL" IMPERMEABLE

SE LAVAN CON AGUA FRÍA O EN LA LAVADORA

BRAGUITAS MENSTRUALES

HECHAS DE MICROFIBRA

SE LAVAN EN LA LAVADORA

Además de ahorrar recursos y minimizar la contaminación, cabe recalcar que con estos productos también:

1. **Ahorraremos dinero:** mientras que una copa menstrual cuesta entre diez y veinte euros y dura hasta diez años, las cajas de tampones cuestan sobre los cinco euros y duran aproximadamente un mes.

2. **Ahorraremos tiempo:** ya que la copa menstrual y algunas braguitas pueden utilizarse hasta doce horas al día (la cantidad de sangre que menstruamos es mucho menor de lo que parece).

3. **Ganaremos en higiene:** ya que no estaremos con esa sensación de humedad que caracteriza a las compresas, ni sufriremos lo que se sufre al retirar un tampón que no está lleno.

4. **Ganaremos en salud:** ya que los tampones pueden alterar el pH o dejar fibras dentro de la vagina, por no hablar del síndrome del choque tóxico.

Todo son ventajas en lo que respecta a productos reutilizables, y además ya no necesitarás ese dichoso y horrible pequeño cubo de basura de tu baño.

BELLEZA

Soy la primera a la que una mascarilla hidratante le gusta más que un dátil con manteca de cacahuete. Más allá de lo que llamamos «belleza», disfruto cuidándome la piel. La piel es el órgano mayor de nuestro cuerpo y como tal se merece un buen cuidado, si bien cada cual es libre de elegir los productos que necesita y quiere utilizar. Conozco personas que son felices usando una misma pastilla de jabón para el cuerpo, la cara y el pelo, y personas, como yo, a las que les encanta aplicarse cremas hidratantes y sérums; eso depende de cada uno, y ninguna opción es mejor o peor ni debe juzgarse. Al margen de nuestras preferencias, hay infinidad de productos de belleza de bajo impacto medioambiental y sin embalaje. Estas son algunas de las opciones:

- Aceite de coco virgen extra en frasco de cristal para desmaquillar
- Limpiador facial en envase de cristal y con dosificador (perfecto para reutilizar) o en formato sólido sin embalaje
- Tónico en envase de cristal
- Sérum o tratamiento en envase de cristal o formato sólido
- Crema hidratante en envase de cristal
- Protección solar en envase de cristal
- Arcilla verde a granel (para mascarillas)
- Arrurruz a granel en un salero de cristal, como champú en seco
- Pastilla de jabón exfoliante para cara y cuerpo sin embalaje

Entre todos estos productos podemos elegir los que más nos gusten, los que necesitemos o los que nos resulte más fácil encontrar en el mercado. No existe una lista «correcta» de cosméticos que se deban tener en casa, ya que, en lo que a productos de belleza se refiere, cada persona es un mundo. Lo importante es comprar de forma consciente. ¡Disfruta de tu radiante piel mientras cuidas el medio ambiente!

ALTERNATIVAS SOSTENIBLES A LOS PRODUCTOS DE BELLEZA

DESMAQUILLANTE

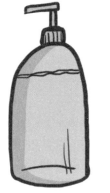

LIMPIADOR

EXFOLIANTE

TÓNICO

HIDRATANTE

CHAMPÚ EN SECO

PROTECCIÓN SOLAR

ARCILLA

SÉRUM

Receta de desodorante

Ingredientes

- 2 ½ cucharadas de polvo de arrurruz o tapioca
- 1 cucharada de bicarbonato de sodio
- 1 cucharada de aceite de coco
- 1 cucharada de manteca de carité
- 5 gotas de aceite de nim o neem
- 3-4 gotas de aceite de árbol de té
- 5 gotas de aceite esencial (yo utilizo vainilla y naranja dulce)

Preparación

1. Ponemos todos los ingredientes en un recipiente de cristal resistente al calor.
2. Colocamos el recipiente en una olla con agua hirviendo o al baño María.
3. Removemos bien con un palillo de madera o bambú (yo utilizo los que se usan para brochetas), o con una cuchara de metal (nunca de plástico). Seguimos removiendo hasta que todo se haya derretido.
4. Una vez que todo esté bien mezclado, lo pasamos a un recipiente hermético de cristal y lo metemos en la nevera unos 30 minutos.
5. Cuando queramos utilizarlo, cogemos una pequeña cantidad (la medida de un guisante) y lo aplicamos en las axilas.

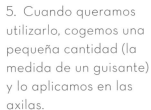

Receta de champú desintoxicante de arcilla

Ingredientes

- 1 taza de infusión (yo utilizo manzanilla y ortiga)
- ½ taza de vinagre de sidra de manzana
- ¾ de taza de arcilla (te recomiendo Bentonita o Rhassoul)
- Unas gotas de tu aceite esencial favorito (opcional)

Preparación

1. En un bol de cristal (nunca de metal) mezclamos la infusión con el vinagre.
2. Añadimos la arcilla cucharada a cucharada (con una cuchara de plástico o de madera, nunca de metal) removiendo bien para que no queden grumos.
3. Cuando la mezcla tenga la consistencia de un yogur, la aplicamos sobre el pelo HÚMEDO hasta cubrir todo el cuero cabelludo y dejamos actuar 10-20 minutos.

Notas

- Estas arcillas actúan mucho mejor si no están en contacto con superficies o utensilios de metal.
- Con estas proporciones obtendremos suficiente cantidad para dos aplicaciones.

TIPS

1 Prioriza. Puede que sea imposible encontrar una mascarilla para el pelo a granel, pero geles y champús sin embalaje te resultará muy fácil.

2 Utiliza aceites a granel para desmaquillarte o limpiar el rostro (doble limpieza), si no encuentras productos sin embalaje. El aceite de jojoba o de almendras dulces va de maravilla y se vende a granel en botella de cristal.

3 El aceite de coco es perfecto para rasurarse en la ducha y suele venir en envase de cristal.

4 En vez de tirar camisetas de lycra o elásticas, córtalas en cintas y hazles un nudo para confeccionar gomas de pelo. ¡Trenzas y coletas Zero Waste!

5 Utiliza productos multiusos. Un buen bálsamo en lata de aluminio va igual de bien para hidratar cutículas, restaurar pieles resecas o darle brillo al pelo.

6 Si usas discos reutilizables para limpiarte el rostro, desmaquillarte, quitarte el esmalte de las uñas, desinfectar heridas o similar, límpialos enseguida con un poco de jabón para eliminar los residuos. De esta forma evitarás que queden con manchas cuando se sequen.

7 Si te pones máscara de pestañas, no tires el cepillito. Existen varias asociaciones de rescate de animales que les dan diversos usos, como quitar piojos o peinar a animales pequeños en recuperación.

8 Aprovecha hasta el último gramo de los productos que vengan en tubo de aluminio, pasándolo entre las púas de un peine ancho o un tenedor y deslizando este desde el final del tubo hasta el orificio.

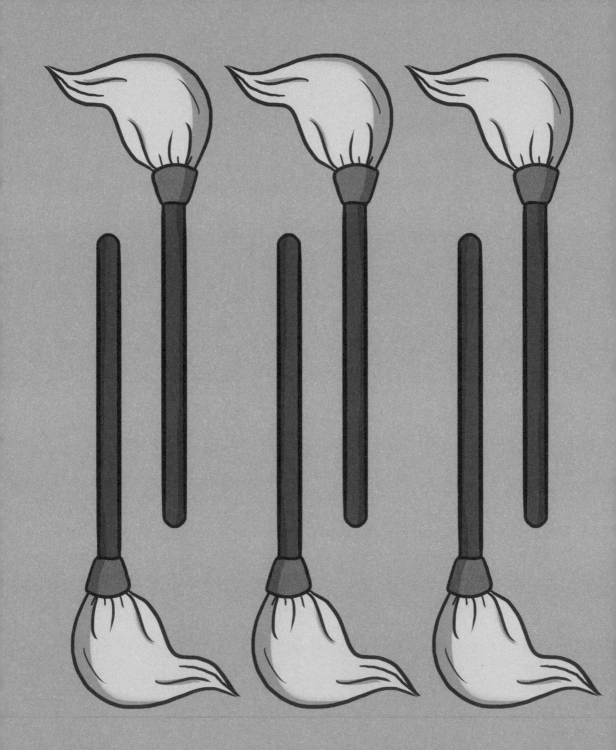

8. HOGAR

Como en muchas casas, en la mía se limpiaba con lejía, se usaban estropajos amarillos que se cambiaban cada dos semanas, fregonas y escobas de plástico, paños de microfibra y un producto específico para cada tarea o parte de la casa: los cristales, la vitrocerámica, el suelo de la cocina, el parquet, la taza del váter, las baldosas. El armario de debajo del fregadero parecía una estantería de supermercado, con decenas de botellas y botes de plástico de diferentes colores y formas.

Los fabricantes nos han vendido la idea de que necesitamos un producto específico para cada cosa. Es cierto que no es lo mismo limpiar una mesa de madera restaurada de los años cincuenta que una placa de inducción, pero eso no quiere decir que necesitamos un producto para cada objeto o superficie que tenemos en casa. El discurso de las empresas es que con cada producto cuidaremos y mantendremos nuestra casa lo mejor posible. Sin embargo, en el ámbito doméstico muchos son absolutamente innecesarios.

No voy a meterme en el debate a favor o en contra de la lejía, pero sí me gustaría que reflexionáramos sobre el hecho de que nos gusta un producto de limpieza más que a un niño una piruleta. Sin embargo, podemos elaborar en casa nuestros propios productos o mezclas de limpieza con unos pocos ingredientes, que actúan de igual o similar manera que esos que hemos acumulado en el armario durante años. Además, como he comprobado por mí misma, el ahorro de dinero es inmenso, por no hablar del ahorro de recursos y espacio que este cambio significa. Adiós al cementerio de plástico bajo el fregadero.

Tenemos que quitarnos de la cabeza ese concepto de que la limpieza es una tarea que precisa de decenas de productos y que debe dejar nuestra casa más esterilizada que un quirófano. En esta sección te demostraré que es muy fácil sustituir los productos convencionales por otros más respetuosos con el medio ambiente. Además de ganar espacio en la cocina (algo que nunca está de más), visualmente te resultará mucho más atractiva.

KIT DE LIMPIEZA
ESCOBAS SOSTENIBLES

Cambia la escoba convencional de plástico por una de madera y fibras naturales. Cuando toque reemplazarla, compra un cepillo nuevo y tira el viejo en el contenedor de compostaje de la calle: desaparecerá en unos pocos meses, en lugar de cuatro siglos, que es lo que tardan los que están hechos de plástico.

ESCOBA DE MADERA
Y CERDAS NATURALES

TRAPOS MOLONES

¿Quién necesita comprar trapos sintéticos cuando puede hacerlos en casa con la cara de Jon Bon Jovi? Utiliza cualquier camiseta vieja y simplemente córtala en cuadrados para obtener trapos. Para limpiarlos, métitelos en la lavadora con un programa de lavado en agua caliente.

TRAPOS
A PARTIR
DE CAMISETAS
VIEJAS

ESTROPAJOS

¿Quién no ha tenido en su casa los típicos estropajos sintéticos amarillos y verdes que vienen en paquetes de diez? Pues bien, estos estropajos no solo duran muy poco tiempo, sino que además están hechos a base de plástico. La mejor opción son los estropajos reutilizables o los cepillos de madera con fibras naturales. También son una buena alternativa los estropajos de lufa, que duran unos tres meses y son compostables.

ESTROPAJO DE LUFA

OTROS BÁSICOS PARA HACER UN HOGAR SOSTENIBLE

CEPILLO PARA PLATOS DE MADERA

CEPILLO PARA LAVAR VERDURAS

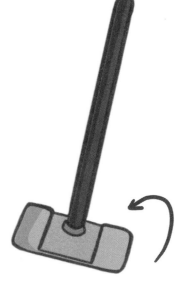

MOPA CON FUNDAS LAVABLES Y REUTILIZABLES

KIT DE PRODUCTOS DE LIMPIEZA

Para limpiar la casa bastan muy pocos productos y todos ellos pueden ser naturales. Con unos cuantos ingredientes básicos es posible elaborar diferentes mezclas con infinidad de usos como, por ejemplo, para limpiar el suelo, las baldosas, el baño, la cocina, los cristales, las manchas, y sin necesidad de acumular en la cocina decenas de botellas de plástico con componentes tóxicos.

VINAGRE BLANCO DESTILADO

Usos:

- Limpiar superficies.
- Como suavizante para la ropa.
- Quitar manchas: espolvoreamos un poco de bicarbonato y echamos unas gotas de vinagre sobre la mancha.
- Desincrustar cal: espolvoreamos bicarbonato sobre la superficie, echamos un chorrito de vinagre y frotamos con un estropajo de lufa.
- Desodorizar la nevera (ver la sección de recetas).
- Limpiar verdura: poner las verduras a remojar en un litro de agua con dos cucharadas colmadas de vinagre.
- Desinfectar trapos y estropajos: sumergirlos en agua y con vinagre a proporciones iguales y dejarlos en remojo toda la noche.
- Retirar restos de pegamento de botes de cristal.
- Desatascar tuberías: echar una taza de bicarbonato y después una taza de vinagre, y dejar reposar 5-10 minutos.

VINAGRE BLANCO DESTILADO

VINAGRE

BICARBONATO

Usos:

- Preparar desodorante casero.
- Desatascar tuberías: junto con vinagre.
- En caso de indigestión.
- Limpiar el horno (ver la sección de recetas).
- Quitar olores de alfombras: espolvorear en la alfombra y dejar reposar toda la noche; retirar con la aspiradora por la mañana.
- Hacer detergente (ver la sección de recetas).

BICARBONATO

VODKA

Usos:

- Realizar limpiadores caseros.
- Hacer extracto de vainilla: meter dos ramas de vainilla abiertas de arriba abajo en una botella de minibar de vodka y dejar reposar 3-4 semanas.
- Elaborar bruma de almohada casera: mezclar vodka y agua destilada a partes iguales y añadir aceites esenciales al gusto.
- Retirar restos de pegamento.
- Limpiar y desinfectar heridas.
- Limpiar ventanas y cristales.
- Eliminar olores de zapatillas de deporte: pulverizar el interior del calzado directamente con vodka.
- Retirar moho.
- Como antimosquitos ligero: mezclar vodka con agua destilada a partes iguales, añadir una cucharadita de aceite de citronela por cada 400 mililitros de líquido y pasarlo a una botella de espray.

VODKA

ARCILLA BENTONITA EN POLVO

Usos:

ARCILLA VERDE

- Elaborar mascarillas caseras.
- Lavar el pelo.
- Preparar desodorantes caseros.
- Limpiar superficies delicadas.

JABÓN DE MARSELLA

Usos:

- Preparar detergente casero.
- Fregar el suelo.
- Lavar platos.
- Lavar la ropa a mano.
- Como jabón de ducha.

JABÓN DE MARSELLA

Limpiador de superficies

Ingredientes
- Agua
- Vinagre blanco
- Peladuras de limas o limones

Preparación
En una botella grande o un bote de espray reutilizado, ponemos 3/4 partes de agua por 1/4 de vinagre blanco destilado. Podemos utilizar este limpiador en cualquier superficie y aplicarlo con un trapo de algodón hecho a partir de camisetas viejas. Yo voy tirando dentro del recipiente las peladuras de limas o limones que me sobran para perfumarlo un poco.

Limpiador de baño

Ingredientes
- Bicarbonato
- Aceite esencial (opcional)
- Vinagre blanco destilado

Preparación
Espolvoreamos bicarbonato en las superficies que queremos limpiar, añadimos unas gotitas de nuestro aceite esencial favorito (si lo deseamos) y echamos un chorrito de vinagre blanco destilado por encima. La mezcla comenzará a hacer espuma, lo que facilitará la limpieza de zonas con cal o grasa incrustada. Frotamos con un estropajo de lufa para retirar y aclarar.

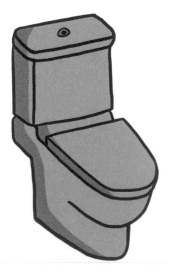

Friegasuelos

Ingredientes
- Agua
- Vinagre blanco
- Peladuras de limas o limones
- Jabón de Marsella líquido o en pastilla

Preparación
Para fregar el suelo prepararemos la misma mezcla que para el limpiador de superficies casero y le añadiremos unas gotas de jabón de Marsella líquido, o bien rallaremos un poco de jabón de Marsella en pastilla, lo disolveremos en un poco de agua caliente y lo mezclaremos con el limpiador casero. No debemos utilizar demasiado jabón, o nos quedarán marcas en el suelo.

Limpiador de horno

Ingredientes
- Bicarbonato
- Zumo de una naranja

Preparación
Espolvoreamos un poco de bicarbonato en el horno y echamos el zumo de una naranja por encima hasta que haga efervescencia. Dejamos reposar 15 minutos y retiramos con un trapo de algodón o un estropajo de lufa.

Desodorizador para la nevera

Ingredientes
- Agua
- Vinagre
- Peladuras de cítricos

Preparación
En una olla ponemos a hervir durante 2 o 3 minutos una taza de agua con media taza de vinagre y varias peladuras de cítricos. La dejamos enfriar y cuando esté templada la pasamos a un cuenco pequeño y la metemos en la nevera. La mezcla absorberá los olores.

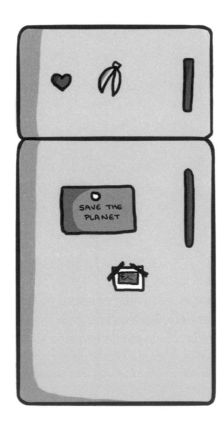

LA COLADA

Para hacer la colada tenemos infinidad de opciones, pero lo más importante es conocer bien nuestra lavadora. Desde mi experiencia puedo asegurar que cada una es un mundo, y aunque he utilizado mi propia receta para hacer detergente para la ropa, tengo que admitir que mi lavadora actual no consigue disolverlo.

El detergente líquido es la mejor opción para las lavadoras más modernas, aunque algunas aún funcionan bien con detergente en polvo, que, por suerte, casi siempre viene en cajas de cartón. Hoy en día existen bastantes sitios en España que nos permiten rellenar nuestros botes con detergente líquido a granel.

Los detergentes en bolsitas de plástico monodosis suelen venir en cajas de plástico, lo que las convierte en la opción menos sostenible y que es preciso evitar.

Si no te es posible rellenar tus envases con detergente a granel o encontrar detergente en polvo en caja de cartón, existen otras opciones más que respetuosas con el medio ambiente.

SOAPNUTS O NUECES DE JABÓN

Dependiendo de la dureza del agua y del tipo de lavadora, dan diferentes resultados. Recomiendo comprar unas pocas, pedir unas muestras en la tienda o a alguien que suela utilizarlas para probarlas primero. Suelen venir en bolsas de tela o de papel y duran muchísimo tiempo, ya que cada colada requiere solo de 3-4 nueces y estas pueden utilizarse hasta 5 veces.

LAUNDRY BALLS

Son esferas de plástico que pueden utilizarse durante más de diez años sin necesidad de reponerlas. No llevan ni requieren ningún tipo de detergente añadido. Quizá se las hayas visto a tu abuela o tu madre las haya heredado de ella. Aunque están hechas de plástico, duran lo suficiente como para justificar su uso.

TERRAWASH

Es una fórmula a base de minerales muy popular en Japón. Se puede utilizar hasta 365 veces sin necesidad de reponerla. Es una opción muy ecológica ya que el detergente suele comercializarse en cajas de cartón con poco plástico en el embalaje. Personalmente no la he utilizado, pero muchas personas que conozco ya no pueden vivir sin ella.

SECADORA

Una vez que hemos lavado la ropa, ¿cómo la secamos? Algunas lavadoras también tienen un programa de secado, pero si queremos ahorrar energía, lo mejor es secar la ropa al aire. Existen múltiples variedades de tendederos de acero inoxidable o de madera para interiores. Si tenemos un jardín, lo más respetuoso con el medio ambiente es instalar cuerdas de fibra natural para tender la ropa, como se hacía antiguamente. Si necesitamos secar algo con urgencia, siempre tendremos la opción de utilizar la la secadora, pero de forma excepcional.

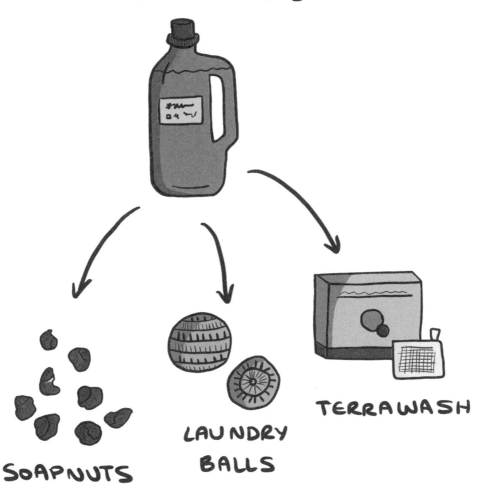

DETERGENTE CONVENCIONAL

SOAPNUTS

LAUNDRY BALLS

TERRAWASH

Detergente para lavadora

Ingredientes
- 100 g de jabón de Marsella rallado
- 165 g de bicarbonato
- 170 g de carbonato de sodio (sosa calcinada *o washing soda*)
- 10-16 gotas de aceites esenciales (yo utilizo lavanda y naranja dulce)

Preparación
1. Rallamos el jabón de Marsella con un rallador de cocina.
2. En un bote de cristal, ponemos el bicarbonato y el carbonato, y añadimos el jabón. Agitamos bien.
3. Perfumamos con el aceite esencial que más nos guste.
4. Echamos el detergente en el cajetín de la lavadora o bien directamente en el tambor. Con 2-3 cucharadas es suficiente para una lavadora completa.
5. No hace falta usar suavizante.

TIPS

1 Llena con vinagre el envase de un producto de limpieza vacío y échale las peladuras de cítricos que te hayan sobrado (naranjas, mandarinas, limones, limas, etc.). El vinagre adquirirá un olor cítrico perfecto para la limpieza y te ahorrarás comprar aceites esenciales.

2 En lugar de toallas desechables para limpiar el cuarto de baño, utiliza trapos o toallas de rizo junto con cualquiera de los limpiadores que te hemos enseñado a hacer en este capítulo.

3 Usa papel de periódico viejo para limpiar cristales en lugar de trapos. Te quedarán brillantes.

4 En lugar de comprar bolsas de basura, crea «cubos» de papel de periódico doblándolo estratégicamente. ¡Tienes decenas de tutoriales en YouTube y son muy fáciles de confeccionar!

5 Hazte con una bolsa Guppy Friend para hacer la colada. Estas bolsas evitan que los microplásticos provenientes de las prendas sintéticas acaben en los desagües y, tarde o temprano, ¡en el mar!

6 Usa alcohol puro para, por ejemplo, retirar etiquetas de los botes de cristal o desinfectar rápido una superficie. También puedes utilizar vodka, que además suele comercializarse en botella de cristal.

7 A ser posible, planta semillas de lufa en tu jardín, terraza o balcón. Así ¡tendrás esponjas y estropajos Zero Waste de por vida!

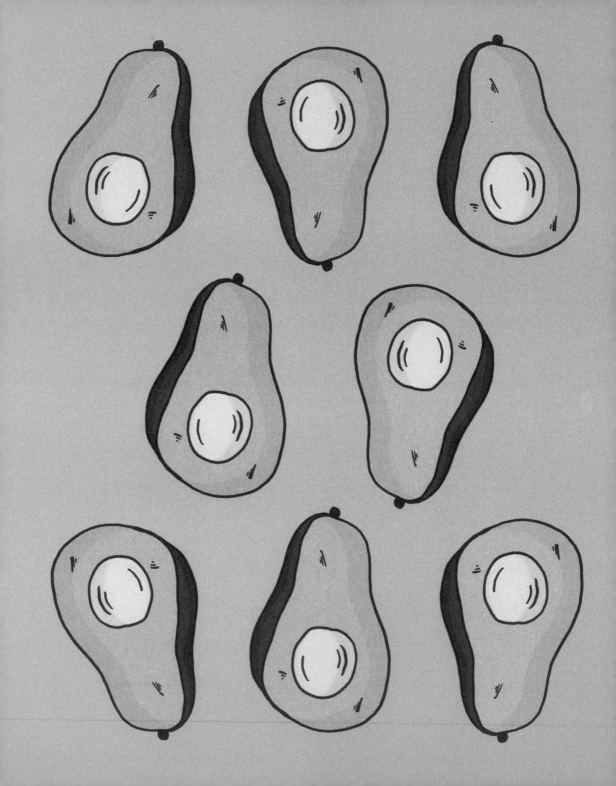

9. VEGANISMO Y ZERO WASTE

Actualmente, casi todos los científicos están de acuerdo en que uno de los mayores factores responsables del calentamiento global es la ganadería industrial. Cuando se habla del Zero Waste, no se suele comentar su relación con el veganismo, ya que mucha gente lo entiende como un movimiento que se limita a no usar plástico y a elaborar productos caseros, pero no es así.

La ganadería industrial tiene un impacto medioambiental casi tan relevante como, por ejemplo, la electricidad (uno de los grandes contaminantes globales) y mayor que todos los medios de transporte juntos. Este es un dato que no podemos ignorar si realmente queremos reducir nuestro impacto medioambiental. Y si además de seguir una alimentación libre de productos animales, dejamos de usar cuero y materiales animales, el ahorro de contaminación será mucho mayor. En concreto, para que nos hagamos una idea, el curtido de cuero es uno de los mayores contaminantes de agua potable del mundo en la actualidad.

Con una alimentación libre de productos animales, se reduce un 73 % el impacto medioambiental.

Muchos científicos, incluso el IPCC (Panel Intergubernamental del Cambio Climático), han confirmado que la reducción del consumo de carne es imprescindible para evitar la catástrofe climática. No es solo una cuestión de compasión animal. Howard Lyman, exganadero convertido a vegetariano activista por los derechos animales, dice en *Cowspiracy*, uno de los documentales más famosos sobre el tema: «No puedes hacerte llamar defensor del medio ambiente y comer carne». Estas palabras a lo mejor resultan duras para aquel que come carne, pero nos encontramos en un punto en el que es preciso ir más allá de nuestras costumbres y de nuestro miedo al cambio y, sobre todo, de nuestro ego.

CON EL AGUA NECESARIA PARA PRODUCIR UNA HAMBURGUESA DE TERNERA, PODRÍAS DUCHARTE DURANTE UN MES

LA LECHE ANIMAL

La leche de vaca es un alimento que proporciona unos nutrientes muy limitados, si la comparamos con los recursos que hacen falta para producirla. De hecho, con el agua que se necesita para producir el vaso de leche diario que nos tomamos durante un año, podríamos ducharnos durante 8 minutos 703 días. Es decir: bebernos un vaso de leche de vaca al día durante un año consume la misma cantidad de agua que una ducha generosa diaria durante casi dos años.

En cuestión de nutrientes, tampoco debemos preocuparnos si elegimos una opción más sostenible que la leche de vaca. Tanto la Asociación Americana de Dietética como la Asociación Británica de Dietética, las más reputadas del mundo, han confirmado que una dieta libre de productos animales es saludable y apta para cualquier época de la vida, incluida la infancia, el embarazo, la lactancia y la tercera edad. Cuando hablamos de nutrición, debemos pensar en micronutrientes, y en este sentido nos consta que los nutrientes que proporcionan la carne animal y la leche de vaca se encuentran también en alimentos vegetales. Es cierto que al principio resulta un poco confuso, sobre todo si nuestra alimentación siempre ha girado en torno a los productos animales, pero poco a poco nos iremos acostumbrando, tanto cuando comamos en casa como cuando salgamos fuera.

Hay un chiste sobre el veganismo que dice algo así como «lo mejor de ser vegano es el dinero que ahorras cuando la gente deja de invitarte a cenar fuera de casa». Pero no es así, existen infinidad de opciones veganas (algunas mejores que otras, todo hay que decirlo). Hoy en día hay montones de restaurantes veganos y vegetarianos, y en los demás restaurantes siempre nos queda la opción de «veganizar» los platos de la carta, o de pedir una parrillada de verduras, pasta con tomate, pan, arroces con verduras, patatas en todas sus versiones, ensaladas... Las opciones son muchas. Con el tiempo te acostumbras a pedir este tipo de platos, hasta que te sale de forma natural. Es un poco más complicado que salir a cenar y pedir cualquier cosa del menú: ha llegado el momento de decidir si queremos priorizar nuestra comodidad o el medio ambiente.

Te animo a descubrir más sobre el veganismo con la mente abierta y curiosidad; no hay nada más bonito que encontrar nuevas formas de salvar el mundo.

LECHE DE VACA

- UN VASO DIARIO (200 ml) PRODUCE 229 KG DE GASES EFECTO INVERNADERO AL AÑO

- EQUIVALE A CONDUCIR 941 KM EN COCHE

- CONSUME UNOS 45.733 L DE AGUA

- 652 m² DE TERRENO

LECHE

MITOS DEL VEGANISMO

Como ya hemos comentado, pasándote a una dieta libre de productos animales reducirás tu impacto medioambiental hasta en un 73 %, una cifra que definitivamente puede llegar a salvar el mundo. Sin embargo, una de las cuestiones que más preocupa a quienes están dispuestos a adquirir estos nuevos hábitos más sostenibles es la falta de nutrientes. Resulta curioso advertir que poca gente se preocupa de obtener todos los nutrientes necesarios o de no tener deficiencias cuando lleva una dieta que incluye productos animales. Nos han inculcado desde pequeños que la proteína y el hierro nos los proporciona la carne, y que el calcio solo se puede obtener de la leche, y seguimos creyéndolo cuando somos mayores. De hecho, cuando alguien nos rebate esta teoría y nos habla de la cantidad de nutrientes que se encuentran en los vegetales, le miramos con escepticismo, como si intentara convencernos de que la Tierra es plana.

Sin embargo, las asociaciones más importantes de dietética del mundo (ADA y BDA) nos confirman que podemos obtener todos los nutrientes necesarios de una dieta íntegramente vegetal, y en cualquier momento de nuestra vida. Además dicen que debemos «planear bien nuestra dieta», pero eso hay que hacerlo con independencia de los alimentos que incluyamos en ella.

Si tenemos esto claro, lo único que nos falta es saber qué alimentos pueden proporcionarnos ciertos nutrientes y qué sustituciones son las más útiles a la hora de cocinar y combinar alimentos. En esta sección encontrarás todo lo que necesitas saber.

PROTEÍNAS

Uno de los grandes mitos de la alimentación vegetal es que necesitamos consumir carne para obtener proteína. Como ya he comentado, esta afirmación es completamente falsa, ya que también se obtiene de diversas fuentes vegetales, sin la necesidad de consumir al mismo tiempo las grandes cantidades de grasa saturada y colesterol que contiene la carne.

100 G	100 G
CARNE DE TERNERA	ALUBIA NEGRA

17 G PROTEÍNA	21 G PROTEÍNA
12 G GRASA SATURADA	0,2 G GRASA SATURADA
309 CALORÍAS	339 CALORÍAS
0 G FIBRA	16 G FIBRA
10% CDR HIERRO	48% CDR HIERRO
1% CDR CALCIO	16% CDR CALCIO
71 MG COLESTEROL	0 MG COLESTEROL

OMEGA 3

Otro mito es que necesitamos comer pescado para obtener omega 3, un nutriente esencial en nuestra dieta. La realidad es que muchos vegetales son una magnífica fuente de omega 3, por ejemplo:

AGUACATE

ALGAS

NUECES

SEMILLAS
DE LINAZA O CÁÑAMO

SEMILLAS
DE CHÍA

HUEVOS

Aunque nutricionalmente sean fáciles de sustituir, los huevos son esenciales en algunas recetas, por ejemplo para asegurar que un bizcocho, una tortilla de patatas, unos pasteles, unas galletas y similares cuajen bien y mantengan la estructura. Pero no temas, porque en el mundo vegetal también hay infinidad de opciones para sustituir este producto animal proporcionando los mismos resultados y minimizando tu impacto medioambiental significativamente.

ALTERNATIVAS AL HUEVO

PLÁTANO MACHACADO

PURÉ DE MANZANA

MANTECA DE FRUTO SECO

HARINA DE GARBANZO

SEMILLAS DE CHÍA

ACEITE DE OLIVA + SAL KALA NAMAK

CALCIO

Desde pequeños nos han dicho que la leche de vaca es esencial para crecer con unos huesos sanos y fuertes, porque aporta calcio. Aún recuerdo cuando en la guardería nos la daban todos los días a las once de la mañana, acompañada de una canción que nos recordaba lo necesario que era beber ese líquido blanco. Sin embargo, diversos estudios afirman que la osteoporosis (una enfermedad de los huesos que, según dicen, la leche de vaca previene) al parecer está más relacionada con nuestro nivel de actividad física y nuestras hormonas que con los alimentos que consumimos. Además, hay estudios que confirman que tiende a haber más incidencias de rotura de cadera en aquellos países en los que se consumen lácteos en mayor medida.

IMPACTO MEDIOAMBIENTAL
DE DIFERENTES BEBIDAS

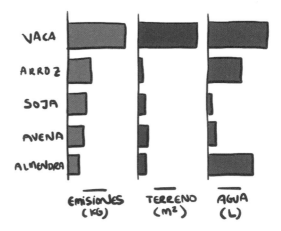

Lo que mucha gente no lo sabe es que los vegetales también son una fuente de calcio. Es más, existen una gran variedad de vegetales con un alto contenido en calcio y nada de colesterol, que además proporcionan una mayor cantidad de vitaminas, minerales y fibra en comparación con la leche de vaca.

FUENTES DE CALCIO

LEGUMBRES ESPINACAS BONIATOS ZANAHORIAS

NARANJAS TOFU TAHINI KALE

BEBIDAS VEGETALES BRÓCOLI ALMENDRAS GARBANZOS

Somos el único mamífero que bebe leche materna más allá de la infancia, y los únicos que consumimos leche de otras especies. Si queremos que nuestros hijos tomen leche o bebidas de este tipo a partir de una edad en la que ya no necesiten leche materna, podemos optar perfectamente por bebidas vegetales, puesto que también aportan calcio, siempre y cuando el niño siga una alimentación saludable. Además, muchas bebidas vegetales vienen enriquecidas con vitaminas y minerales.

En cuestión de sostenibilidad, la leche de vaca es una de las peores elecciones debido a la gran cantidad de recursos que se necesitan para producirla. Las alternativas para sustituirla son cada vez más variadas: bebida de soja, de avena, de almendras, de arroz, de coco, de quinoa, de cáñamo, de alpiste, de avellana, de nueces...

Las leches vegetales son facilísimas de preparar en casa, y sus ingredientes principales se suelen vender también a granel, es decir, sin ningún tipo de envasado, lo que las hace aún más sostenibles. Así que si preparamos leches vegetales caseras, no solo ahorraremos la cantidad de recursos que requiere la producción de leche, sino también el envase. A continuación, te ofrecemos un par de recetas muy sencillas:

Bebida de almendras casera

Ingredientes

- 100 g de almendras
- 1 vaso de agua fría (para el remojo)
- 1 l de agua
- 1 dátil Medjoul (opcional, para endulzar)

Elaboración

1. Dejamos las almendras en remojo en agua fría durante al menos 8 horas.
2. Las escurrimos y tiramos el agua.
3. Ponemos en el robot de cocina las almendras con el litro de agua y el dátil.
4. Trituramos durante 1 minuto como mínimo, hasta que obtengamos un líquido homogéneo.
5. Colamos el líquido a través de una muselina, vigilando que la pulpa de almendra no se salga por los lados o por arriba. (Yo lo cuelo sobre un cuenco ancho y después lo paso al recipiente de servir.)
6. Guardamos la bebida en una botella o jarra.
7. Podemos consumirla al momento o conservarla en la nevera de 2 a 3 días.
8. Esta receta también queda riquísima con avellanas o nueces.

LECHE DE ALMENDRAS

Bebida de anacardos

Ingredientes

- 125 g de anacardos
- 1 vaso de agua fría (para el remojo)
- 1 l de agua
- 1 cucharada de sirope de arce (opcional, para endulzar)
- Una pizca de sal

Elaboración

1. Dejamos los anacardos en remojo durante al menos 8 horas.
2. Los escurrimos y tiramos el agua.
3. Ponemos todos los ingredientes en un robot de cocina y trituramos bien hasta que no quede ni un solo grumo. La textura debe ser cremosa y homogénea.
4. Pasamos el líquido a una botella de cristal. No hace falta pasarla por el colador o muselina.
5. Guardamos la bebida en la nevera un máximo de 2 o 3 días.
6. Si el anacardo se asienta en el envase y queda separado del agua, solo tenemos que agitarlo un poco y la bebida estará lista para servir.

TIPS

1 Olvídate de las etiquetas. Si no te gusta ponerte la etiqueta de «vegano», ¡no tienes por qué hacerlo! No hay ninguna necesidad de definirse.

2 Utiliza aplicaciones como HappyCow para encontrar restaurantes veganos o con opciones veganas cerca de ti; Vegan Pocket o Is It Vegan para saber si un ingrediente es vegano, y páginas web como Barnivore.com para averiguar si una bebida alcohólica es apta.

3 Infórmate en páginas web como *Vegnews* o periódicos como *Bueno y vegano* sobre las últimas noticias del movimiento. Te ayudará a seguir motivado.

4 Los productos veganos procesados son carísimos. El resto de los productos veganos (fruta, verdura, cereales, hortalizas, semillas y frutos secos) son asequibles y se encuentran en cualquier supermercado y casi siempre a granel.

5 Existen infinidad de páginas en Facebook y cientos de bloggers y creadores de contenido veganos en Instagram que te ayudarán tanto en tu transición como en la consolidación de este estilo de vida sostenible.

6 Si quieres tener unos conocimientos básicos sobre el tema, te aconsejo documentales como *Cowspiracy*, *Earthlings*, *Tenedores sobre cuchillos* o *Food Choices* en Netflix. También te recomiendo *El estudio de China*, un libro muy inspirador, y si buscas información científica, la web Nutritionfacts.org.

7 No desistas. Cometerás errores y fallarás (¡a mí me sigue pasando y llevo años dedicándome a esto!). No te martirices y simplemente intenta hacerlo mejor mañana. No se trata de obtener una medalla al vegano del año, sino de minimizar el daño que causamos a diario al medio ambiente y a los animales.

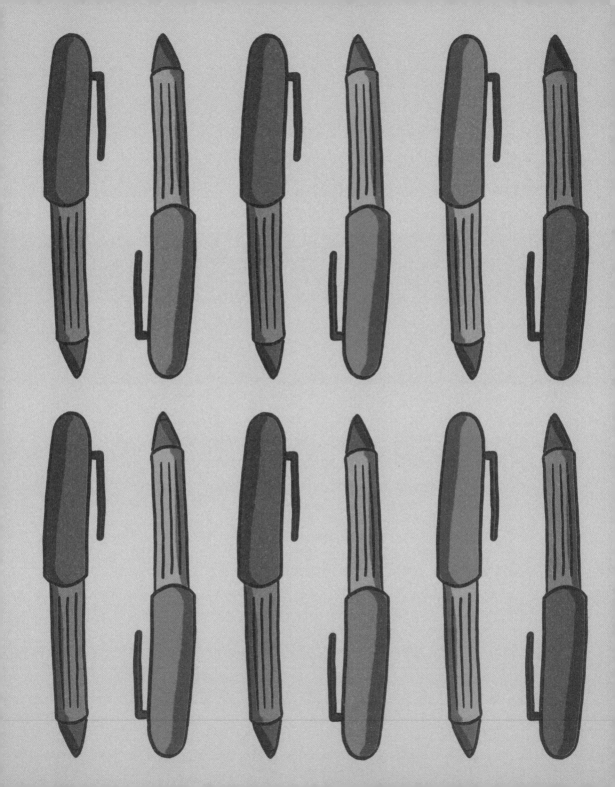

10. CONCLUSIÓN

Mi abuela siempre me decía que de mayor sería cualquier cosa que me propusiera. Desde pequeña apuntaba maneras y ella siempre auguró que sería diseñadora de moda. Me he pasado toda mi vida dibujando, desde que tengo uso de razón, pero mi abuela no se equivocaba, porque de alguna forma mi profesión acabaría estando relacionada con el dibujo. De hecho, llegué a estudiar diseño de moda en Londres, y a partir de ahí trabajé en el sector de la moda, el mundillo que curiosamente me llevó hasta donde estoy. Por alguna razón, ese ambiente me hizo darme cuenta de que existen cosas más importantes en la vida que acumular ropa de diseño y tener un alto puesto en una empresa.

Desde que decidí vivir de forma sostenible, he pasado por muchas etapas: la fase inicial, en la que me sentía culpable por el simple hecho de tener que reciclar un envase de detergente; la fase de normalización, en la que acepté que vivir sin generar residuos era imposible; y la fase actual, en la que he aceptado que lo único que podemos hacer es hacerlo lo mejor posible.

Con esto no quiero decir que el hecho de que sea imposible no generar residuos justifique la inacción. En otras palabras, que no podamos evitar la contaminación al cien por cien no significa que sea correcto no molestarnos ni siquiera en reciclar o en hacer algo tan sencillo como llevar una bolsa de tela al supermercado para no pedir una de plástico. Creo que, por una parte, debemos admitir que aspirar a la perfección y obsesionarnos con el movimiento Zero Waste (o con cualquier otro de los que surgen cada vez que algo «se pone de moda») no es sano ni realista, sobre todo cuando vivimos inmersos en un sistema que no nos facilita la labor... aún. He luchado contra esta frustración durante unos cuantos años y tengo que decir que por fin he hecho las paces con este sentimiento. Lo mejor que puedes hacer (antes, durante y después de iniciar tu camino) es tomar conciencia de que la cuestión del residuo cero nada tiene que ver con tu ego, ni con ser el medioambientalista del mes. Se trata, literalmente, de salvar el planeta con nuestras acciones.

Me alegraría saber que estas palabras de alguien que lleva bastante tiempo en este movimiento van a aliviar el estrés y la frustración de la persona que las está leyendo. Sé muy bien que, una vez admites públicamente que estás intentando hacer algo positivo por el planeta (o por cualquier causa), la gente te exige un comportamiento perfecto y coherente todos los días de tu vida, a todas horas. Y hay personas que, al menos de forma inconsciente, intentarán tacharte de hipócrita y buscar fallos en lo que hagas para así ellas sentirse mejor. Te lo digo por experiencia. Si vendieras todas tus pertenencias y donases el dinero a Médicos sin Fronteras, seguro que alguien te echaría en cara que no lo hubieras donado a la investigación contra el cáncer. La cuestión es que vivimos en una sociedad en la que, al parecer, todo el mundo necesita dar su opinión, y tenemos que estar preparados para recibirla. En tu camino hacia una vida más sostenible, no te desanimes solo porque el vecino te eche en cara que te vio comprar tofu envuelto en plástico en el supermercado chino de la esquina el lunes pasado.

Por otra parte, esto de salvar el planeta no consiste en encontrar soluciones instantáneas para todo. No pretendamos arreglar, y mucho menos desde el ámbito particular, problemas tan complejos que ni los expertos en el tema son capaces de resolver. Lo que sí está en nuestras manos es informarnos de los hábitos que podemos cambiar y las acciones cotidianas que podemos realizar para hacer de este mundo un lugar mejor y asegurarnos de que las generaciones venideras pueden disfrutar de un planeta maravilloso y único, como lo hemos hecho nosotros hasta ahora.

Jamás me cansaré de repetir que tanto las instituciones y las empresas como las personas somos responsables del entorno que hemos creado. Por supuesto, los responsables de unas y otras tienen el deber de establecer las leyes y poner los medios necesarios para asegurar nuestro futuro y el del planeta, pero eso no es incompatible con un estilo de vida sostenible y responsable en nuestro día a día. No esperemos a que otros arreglen nuestros problemas, al margen de quién sea el responsable. No es momento de culpas, es momento de acción, y por parte de absolutamente todos.

El destino de este planeta pinta bastante negro; si no tomamos medidas a corto plazo, dentro de doce años puede ser inevitable. Sin embargo, me alegra admitir que estoy viendo cambios inmensos en las personas y en la sociedad. Cuando comencé a practicar el Zero Waste, me sentí bastante incomprendida y notaba que todos me veían como esa «rarita que va con botes de cristal a comprar». Recuerdo hablar sobre el tema con gente de mi entorno y suscitar miradas de escepticismo y frases típicas como «Si hay una catástrofe, será dentro de muchas décadas». Recuerdo sentirme incomprendida, pero cuando me comprometo con algo y creo en ello al cien por cien, la opinión de los demás me resulta bastante irrelevante. Me pasó igual con el veganismo. Cuando en 2014 me hice vegana, nadie de mi entorno me tomó en serio –seguramente porque pensarían que esa fase se me pasaría–, pero años después no solo yo me siento más comprometida con el movimiento que nunca, sino que la mayoría de las personas de mi entorno más directo son veganas, vegetarianas o flexitarianas, y el mercado de los productos libres de ingredientes animales crece a un ritmo vertiginoso.

No tenemos tiempo para preocuparnos por el qué dirán ni para esperar a que otros resuelvan el problema. Así lo ha demostrado Greta Thunberg, la niña sueca de dieciséis años que, cada viernes desde hace prácticamente un año, deja de asistir a clase para hacer huelga y exigir soluciones y acción contra el cambio climático. Gracias a ella, comenzó el movimiento Fridays For Future, que se ha extendido al resto del mundo. Otro ejemplo es Extintion Rebellion, que ha conseguido que Reino Unido declare una situación de emergencia medioambiental, un gesto impensable hace solo unos meses. Las iniciativas han partido de personas individuales, personas que han tomado las riendas del cambio y lo han liderado. ¿Por qué no liderar nosotros nuestro propio cambio, e inspirar a otros, en la medida que sea?

No todo tienen que ser grandes proezas. No me cansaré de repetir que cada acción, cada gesto, cada palabra, cada día, cuenta. Está en nuestras manos pasar a la historia como la generación que salvó el mundo o pasar a la historia sin más como especie. No hace falta que lo acometas todo a la vez ni que seas perfecto a todas horas, pero recuerda que, como dice una de mis frases favoritas de Margaret Mead, que repito a menudo: «no debemos subestimar a un grupo de personas concienciadas dispuestas a cambiar el mundo». Vota con tu dinero, prescinde de los productos animales, evita el plástico, exige medidas con rotundidad, vota a partidos comprometidos con la causa, consume menos y sé, simplemente, consciente.

No hay nada más poderoso que una persona convencida de que puede cambiar el mundo, y sé que lo haremos juntos. Ahora mismo tengo esperanza y estoy segura de que en el futuro podremos mirar a las nuevas generaciones a los ojos y decirles, orgullosos, que fuimos parte de la solución, que en su momento hicimos algo y que, gracias a ello, el mundo no solo se ha salvado sino que es un lugar mejor para todos y todas.

Gracias por hacerlo posible.

ALLY

REFERENCIAS

Lácteos: https://ichef.bbci.co.uk/news/624/cpsprodpb/9123/production/_105755173_milk_alternatives-updated-optimised-nc.png

Lácteos y salud: https://www.ncbi.nlm.nih.gov/pubmed/27557656/

Leche de vaca: https://www.bbc.com/news/science-environment-46654042

Relación lácteos y roturas de cadera: https://www.ncbi.nlm.nih.gov/pubmed/25352269

Lácteos y osteoporosis: https://www.ncbi.nlm.nih.gov/pubmed/21735380

Valor nutricional de la carne: https://www.nutritionvalue.org/Beef%2C_raw%2C_formed_and_thinly_sliced%2C_chopped%2C_flaked%2C_sandwich_steaks_nutritional_value.html

Contaminación del agua: https://gizmodo.com/how-leather-is-slowly-killing-the-people-and-places-tha-1572678618

Contaminación del aire: https://www.who.int/air-pollution/news-and-events/how-air-pollution-is-destroying-our-health

Contaminación de la electricidad: https://www.eia.gov/energyexplained/index.php?page=electricity_environment

https://www.eionet.europa.eu/gemet/en/concept/2833

Agua: https://www.sciencedirect.com/science/article/pii/S095937801830253X?via%3Dihub

Microesferas: http://www.ecotox.ugent.be/microplastics-bivalves-cultured-human-consumption

https://pubs.acs.org/doi/abs/10.1021/es0010498

Impacto medioambiental de productos animales: http://www.ox.ac.uk/news/2018-06-01-new-estimates-environmental-cost-food

DOCUMENTALES

Before the Flood	*The True Cost*
Un océano de plástico	*En busca del coral*
Cowspiracy	*Carbon Nation*
Food Choices	*El planeta más hermoso*
Tenedores sobre cuchillos	*Racing Extinction*
What The Health	*Earthlings*
Hielo en llamas	*True North (mini-serie)*
Nuestro Planeta (serie)	*Una verdad inconveniente*
La hora 11	*Chasing Ice*
Minimalismo: Un documental sobre las cosas importantes	*La edad de las consecuencias*

AGRADECIMIENTOS

Este libro es el fruto de muchísimo trabajo, pero, además, aunar mis dibujos e ilustraciones con algo que no estuviera relacionado con la moda me llena de ilusión: una de mis grandes pasiones, desde que tengo uso de razón, utilizada para una causa que significa muchísimo para mí. Durante este proceso he tenido la suerte de contar con personas que me han apoyado en mis mejores y peores momentos, y desde aquí quiero dar las gracias a cada una de ellas.

A mi editora, Clara Rasero, por creer en mi proyecto y mi visión, y tener tanta paciencia conmigo. Gracias por tu entrega y entusiasmo y por ayudarme a hacerlo realidad. Es un placer trabajar con gente como tú.

A Miguel Martínez, mi hermano y compañero de batallas, que siempre tiene una palabra positiva en la boca y cree en mí de forma incondicional y auténtica. También ha sido para mí una fuente de inspiración, por crear desde cero una empresa que no solo comparte mis valores sino que además facilita el residuo cero. Gracias por tu constante apoyo y palabras de ánimo cuando lo veo todo negro (algo que siempre me pasa en algún momento del proceso de creación de cualquier contenido).

A mi amiga María Catalá, porque está claro que es probablemente mi alma gemela femenina, una de las personas a las que más admiro en este mundo y que siempre me ayuda tanto con la parte de investigación como con su opinión constructiva y sincera cuando estoy tan metida en el proyecto que no sé si lo que estoy haciendo es una basura o una auténtica obra de arte. Gracias por apoyarme y ayudarme a priorizar y seguir adelante cuando todo lo que quiero es gritar contra una almohada.

A mi amigo Uri Peñalver, porque, una vez más, si no fuera por él, aún seguiría escaneando todas mis ilustraciones. No he conocido persona más entregada a su arte como él, y agradezco muchísimo que haya vuelto a mi vida después de tantos años.

A Carlota Bruna, mi amiga, por animarme a llevar mi activismo un poco más allá, y por inspirarme a diario en la lucha contra el calentamiento global y el maltrato animal. Es una persona con tanta luz y tan buenas vibraciones que es imposible no admirarla. Gracias por aparecer en mi vida en el momento que más te necesitaba. Juntas salvaremos el mundo, estoy segura.

A mi familia y familia política, por ayudarme a desconectar de la locura que es esta forma de vida, y ni siquiera inmutarse cada vez que les hablo de un nuevo logro, porque dan por hecho que es lo que me tiene que pasar. Gracias.

Y, por último, a mi marido, «el Sueco». No puedo expresar en palabras lo afortunada que me siento por tener a mi lado a una persona tan especial como él. Gracias por inspirarme cada día a superarme, a ser un poco mejor persona, y por ser mi red de seguridad cada vez que me caigo. Es la persona que más admiro en este mundo, y creo que también él es la que más me admira a mí. Gracias por aportar pragmatismo y realismo a mi vida cuando me pierdo en mi mundo de espontaneidad y *flow* espiritual. Sin él, ninguno de mis proyectos habría visto la luz. Gracias por todo, Sueco.

A mi comunidad de «hierbas», por haber formado algo tan bonito e irrepetible como la comunidad de Viamalama.com, por haber creado una unión tan especial entre personas de mente abierta dispuestas a cambiar el mundo de verdad. Gracias por todo vuestro apoyo constante, vuestras palabras y aportaciones, y por hacer realidad que esto sea posible.

Y, por supuesto, al sello Vergara (Penguin Random House), por creer en este proyecto e impulsarlo para que cobre vida y sea al máximo fiel a mi visión. Gracias por esta oportunidad y por dar visibilidad a este movimiento.

Gracias, como siempre, a todos y todas los activistas, veganos y medioambientalistas que están haciendo de este mundo un lugar mejor. Jamás podré expresar suficiente mi admiración hacia vosotros y vosotras, ni agradeceros la inspiración que me proporcionáis cada día. Gracias por luchar por lo que creemos correcto y necesario.

A toda persona que haya leído este libro, gracias por apoyar esta causa en un momento tan decisivo, y por dar una oportunidad a una forma diferente de ver las cosas y de vivir la vida, salvando el mundo por el camino.

Doy las gracias en general por todo lo que tengo ahora mismo, y por cada segundo de mi vida que puedo dedicar a lo que considero realmente importante. Gracias, siempre.